SIGNETS
BELLES LETTRES

Collection dirigée
par
Laure de Chantal

T0163983

L'ANTIQUITÉ EN DÉTRESSE

1. Panthéon en poche. *Dieux et déesses de l'Antiquité*

2. À la table des Anciens. *Guide de cuisine antique*

3. Séduire comme un dieu. *Leçons de flirt antique*

4. À l'école des Anciens. *Professeurs, élèves et étudiants*

5. À la rencontre de l'étranger. *L'image de l'Autre chez les Anciens*

6. Sur la mer violette. *Naviguer dans l'Antiquité*

7. Monstres et merveilles. *Créatures prodigieuses de l'Antiquité*

8. Professionnelles de l'amour. *Antiques & impudiques*

9. Dixit. *L'art de la parole dans l'Antiquité*

10. Des lyres et cithares. *Musiques & musiciens de l'Antiquité*

11. Homosexualité. *Aimer en Grèce et à Rome*

12. Celebriti. *Riches, célèbres et antiques*

13. Devenir dieux. *Désir de puissance et rêve d'éternité chez les Anciens*

14. Paranormale Antiquité. *La mort et ses démons en Grèce et à Rome*

15. L'Empire des loisirs. *L'otium des Romains*

16. Odeurs antiques

17. Hocus Pocus. *À l'école des sorciers en Grèce et à Rome*

18. Exit. *Exclus et marginaux en Grèce et à Rome*

19. Mercato. *Le commerce dans les mondes grec et romain*

20. Torturer à l'antique. *Supplices, peines et châtiments en Grèce et à Rome*

21. Nuits antiques

22. ECOLΩ. *Écologie et environnement en Grèce et à Rome*

23. Clio et ses disciples. *Écrire l'histoire en Grèce et à Rome*

24. Rouge sang. *Crimes et sentiments en Grèce et à Rome*

25. Cave Canem. *Hommes et bêtes dans l'Antiquité*

26. Rire avec les Anciens. *L'humour des Grecs et des Romains*

27. Imperator. *Diriger en Grèce et à Rome*

28. Flora. *Les fleurs dans l'Antiquité*

29. Métamorphoses. *D'Actéon au posthumanisme*

30. Incognito. *L'art de la ruse et de la dissulation dans l'Antiquité*

31. Minus. *La petite enfance en Grèce et à Rome*

32. Mathematikos. *Vies et découvertes des mathématiciens en Grèce et à Rome*

33. Ex Machina. *Machines, automates et robots dans l'Antiquité*

L'ANTIQUITÉ EN DÉTRESSE

Catastrophes & épidémies
dans le monde gréco-romain

Précédé d'un entretien
avec Emanuela Guidoboni

Textes réunis et présentés
par
Jean-Louis Poirier

Deuxième tirage

LES BELLES LETTRES

2021

© *2021, Société d'édition Les Belles Lettres*
95, boulevard Raspail 75006 Paris

www.lesbelleslettres.com
Retrouvez Les Belles Lettres
sur Facebook et Twitter

ISBN: 978-2-251-45155-8
ISSN: 0003-181X

ENTRETIEN
AVEC EMANUELA GUIDOBONI

*Emanuela Guidoboni est historienne. Présidente et respon-
sable scientifique de la SGA* (Storia Geofisica Ambiente
[Histoire, Géophysique et Environnement]) *à Bologne,
de 1983 à 2007, elle coordonne depuis 2010 les activités
multidisciplinaires de l'EEDIS* [Centro euro-mediterraneo
di documentazione Eventi estremi e disastri].

*

JEAN-LOUIS POIRIER – *Je voudrais d'abord que vous nous
parliez de vous. Vous êtes historienne de la sismicité. Pouvez-
vous nous expliquer, alors, comment vous en êtes venue à
développer deux disciplines qui, en elles-mêmes, sont très
éloignées, et dont chacune suppose des savoirs très différents,
en particulier dans leur méthode ?*

EMANUELA GUIDOBONI – L'histoire et la sismologie
ont des statuts disciplinaires différents et relèvent
de deux cultures, l'humaniste et la scientifique, qui
– comme le remarquait C. P. Snow au milieu du
XX\e siècle – non seulement s'ignorent, mais d'ordinaire se détestent. Au contraire, dans le cas des tremblements de terre, entre l'histoire et la sismologie
(et j'ajouterai la géologie), il existe une solidarité
désormais de longue date.

L'histoire travaille aux fins de connaître le passé,
elle en utilise le vocabulaire et les sources écrites, elle

connaît les langues anciennes et les contextes culturels, elle peut décrire les changements des territoires et des villes. Les tremblements de terre sont des événements destructeurs qui ont laissé de nombreuses traces dans les pays de culture écrite ancienne.

La sismologie, qui s'appuie sur la géophysique, se sert des données enregistrées par les instruments, et donc des nombres, pour étudier les tremblements de terre au moment où ils se produisent. Grâce à ses appareils, la sismologie décrit les tremblements de terre au moment où ils ont lieu, calcule la profondeur d'où ils partent, détermine la valeur de l'énergie libérée, précise la chronologie du phénomène, enregistre l'accélération des sols engendrée par les ondes sismiques. Il faut préciser que les données des sismographes ne sont utilisables que pour les quatre-vingts dernières années, ce qui est trop peu pour connaître les caractéristiques sismiques d'une région. Mais de toute façon, réduite à ses instruments, la sismologie ne peut connaître et évaluer les effets des tremblements de terre en surface, autrement dit leur impact sur le monde habité : on a besoin de l'observation humaine pour faire la typologie de leurs effets, et c'est pour cela que, depuis la fin du XIXe siècle, on a élaboré les échelles d'intensité, à la suite de celle de Mercalli (1873).

C'est donc le facteur temps qui intervient dans ce secteur de recherche et fait de l'histoire un moyen de connaissance extraordinaire, je dirais volontiers indispensable, pour la sismologie, en particulier pour cette région qui s'occupe des structures sismogéniques et qui parle le langage de la géologie.

C'est d'après ces principes que, depuis quelques années, les recherches sur les tremblements de terre du passé se sont structurées en une discipline nouvelle, la *sismologie historique*, qui utilise la méthode historique pour répondre à certaines questions de la sismologie que l'on peut en gros résumer en trois adverbes :

quand, où, comment s'est produit un tremblement de terre. Mais l'histoire, comme on sait, n'est pas sans complexité, et sur ce point sont apparus beaucoup de détails inattendus de la sismologie, mais se sont ouvertes aussi de nouvelles voies, intéressantes, pour l'histoire de l'économie, de l'urbanisme, des systèmes d'habitat, et des idées.

Dans les pays comme l'Italie, où des tremblements de terre de forte intensité se produisent avec une fréquence notable – nous avons un désastre sismique tous les quatre ou cinq ans –, je dirais qu'il est presque inexplicable que les historiens, à de rares exceptions près, ne s'occupent pas de l'histoire des tremblements de terre, et que les livres d'histoire continuent à ignorer cet aspect de notre environnement qui a tant marqué, et si durement, l'histoire de notre pays, et qui continue aujourd'hui, mais qui constitue aussi une menace pour la conservation de notre patrimoine culturel. À chaque tremblement de terre de quelque importance, c'est une église ou un palais qui s'en vont, et qui ne seront jamais reconstruits.

En ce qui concerne ce qui me motive particulièrement à ces recherches, je peux dire que je suis de formation une historienne du Moyen Âge : voilà une période de mille ans qui m'a préparée à affronter le temps long, et à dialoguer aussi bien avec les antiquisants qu'avec les spécialistes des temps modernes. J'ai été l'élève d'un grand médiéviste, Vito Fumagalli, et d'un géographe historique d'importance, Lucio Gambi : ces deux maîtres m'ont énormément donné, c'est auprès d'eux que j'ai appris à interroger les sources avec des approches nouvelles, sans me soucier de suivre des parcours académiques déjà tracés.

Je voudrais vous demander aussi de quels éléments vous disposez pour faire l'histoire des séismes ou des raz de

*marée : vous en tenez-vous aux témoignages littéraires et
aux inscriptions ?*

La sismologie historique est une histoire au
temps long, du fait de ses propres objectifs, parce
qu'il est nécessaire d'accéder à une fenêtre de
temps aussi large que possible. Ainsi les recherches
respectent dans leur méthode et dans leur interprétation des sources les périodisations mêmes de
la recherche en histoire (qu'elle soit ancienne, médié-
vale, moderne et contemporaine), périodisations
qui nécessitent des approches et des compétences
spécifiques, car les contextes historiques et culturels,
comme les sources, sont différents. Pour répondre
plus spécifiquement à votre question, et ne nous attachant ici qu'à l'Antiquité, je peux dire que la gamme
de sources utilisée pour le Catalogue[1] des tremblements de terre de la zone Italie et Méditerranée du
VIIIe siècle av. J.-C. au Ve siècle apr. J.-C. est très large :
elle va des textes des écrivains et des historiens à ceux
des poètes, des philosophes de la nature, des lexi-
cographes ; pour la période de l'Antiquité tardive,
et pour toute la zone méditerranéenne, nous avons
également utilisé les œuvres d'exégètes chrétiens,
des lettres d'évêques, des homélies, souvent pronon-
cées et puis écrites à l'abri des atteintes d'un tremblement de terre destructeur (on pense à la tradition

---

1. E. Guidoboni, A. Comastri et G. Traina, *Catalogue of
Ancient Earthquakes in the Mediterranean up to 11th century*, ING-SGA,
Bologna-Roma, 1994, 504 p. Cette monographie a été précédée
par un premier « tableau » multidisciplinaire, entre antiquisants,
médiévistes, archéologues, sismologues et géologues, publié dans
le volume *I terremoti prima del Mille. Storia, Archelogia Sismologia*,
que j'ai préparé en 1989 (Bologna, 765 p.). Tous ces résultats ont
été ensuite « versés » au CFTI – *Catalogo dei Forti Terremoti in Italia
(du monde antique au XXe siècle)*, Istituto Nazionale di Geofisica e
Vulcanologia (INGV), dans les éditions de 1995, 1997, 2000, mis en
ligne depuis 2007 ; la dernière livraison est d'avril 2018. <http://
storing.ingv.it/cfti/cfti5/>.

des homélies attribuée à Jean Chrysostome, dans la Patristique grecque). C'est un vaste panorama de voix : souvenirs, réflexions, assertions, citations, chaque auteur ayant ses propres motivations pour mentionner, se souvenir ou décrire un tremblement de terre.

L'historien-sismologue doit pour ainsi dire décoder ces témoignages pour recueillir un élément descriptif permettant de dater et d'évaluer le phénomène naturel et son impact. À ce vaste corpus, varié et précieux, de textes du monde antique, de l'antiquité tardive et byzantine – arrivés jusqu'à nous, rescapés du naufrage du temps – s'ajoutent les inscriptions gravées sur la pierre ou griffonnées, opportunément étudiées et systématiquement recueillies dans des corpus spécifiques. Les inscriptions mentionnent parfois des références directes à des tremblements de terre ayant eu lieu, mais le plus souvent, seules les dates de reconstruction ou de restauration sont indiquées. C'est un domaine d'analyse très pointu, qui pourrait fournir encore des informations nouvelles, provenant de découvertes occasionnelles d'épigraphes (ou de parties d'épigraphes) dans des fouilles archéologiques. Les épigraphistes sont de précieux alliés des sismologues historiques.

En Italie, à partir du bas Moyen Âge, le patrimoine archivistique est très bien conservé et réparti sur le territoire : cela a permis de mener des recherches très détaillées sur la documentation directement produite par les sociétés atteintes. De plus, la décentralisation du pouvoir dans les anciens États italiens d'avant l'Unité (1861), fournit à la recherche historique une gamme extraordinairement variée de sources (administratives, fiscales, juridiques, ecclésiastiques, etc.), sur les dommages causés par des catastrophes naturelles au patrimoine urbain et aux moyens de production. Les sources peuvent non seulement décrire de diverses manières et de différents points de vue les impacts subis, mais aussi faire apparaître les interventions mises en œuvre pour remédier à leurs effets. Outre cela, on trouve des traités, des rapports, des lettres qui font état d'idées, de théories, d'opinions, de discussions sur les causes des phénomènes naturels dommageables. Il y a là un monde très riche en informations et en réflexions. Toutefois, ces textes ne peuvent être exploités sans une explication rigoureuse et libre de toute perspective étroitement spécialisée.

Existe-t-il une branche de l'archéologie qui s'y consacre, et avec des méthodes spécifiques, et lesquelles ? Pouvez-vous nous donner quelques exemples de vos recherches et de vos problèmes de méthode ?

L'archéosismologie est la partie de l'archéologie qui traite des traces laissées par les tremblements de terre.

Les termes archéosismologie et archéologie sismique sont utilisés depuis plusieurs décennies, mais le thème de recherche « tremblement de terre », en archéologie, date au moins de la seconde moitié du XIXe siècle. Ce thème a retenu l'attention dans la zone méditerranéenne soit en raison des caractéristiques sismiques de cette zone, soit du fait de la présence importante de vestiges antiques. Depuis le début des années 1970, il y a eu une augmentation significative de l'intérêt. Ce tournant a fait de l'archéosismologie pratiquement une partie de la sismologie, contiguë de la sismologie historique en termes conceptuels, pour ainsi dire comme un prolongement de celle-ci. Malgré cela, la littérature archéologique sur les tremblements de terre s'est développée dans une certaine indifférence quant à la méthode et aux objectifs, mais les travaux exigeants et pertinents n'ont pas manqué.

Le modèle conceptuel qui explique l'intérêt de la sismologie historique pour l'archéologie est une fois de plus lié à l'échelle du temps. S'agissant des périodes ou les zones pour lesquelles il n'y a pas de sources écrites, l'archéologie peut indiquer les traces des tremblements de terre : effondrements primaires (non dus à des effondrements gravitationnels en raison de l'abandon ou de la dégradation des bâtiments), mais aussi instabilité, dislocations des matériaux, anciennes réparations, rétrécissement du périmètre urbain entraîné par la dépopulation, réutilisation de pièces conservées, etc. Il n'est pas rare que, dans la région méditerranéenne, des squelettes humains ou animaux aient aussi été trouvés sous les effondrements (en Italie, en Grèce, à Chypre, en Crète), signe que l'effondrement s'est produit soudainement. Il y a là un domaine très riche et de grand intérêt sur lequel il existe maintenant une littérature scientifique internationale considérable, bien que d'importance et de qualité inégales.

L'importance pour la sismologie historique des traces archéologiques des tremblements de terre est qu'elles sont précisément localisées. En revanche, la datation de ces traces reste plus problématique. Comme on le sait, en archéologie, la datation est toujours et seulement un espace de temps, identifié par la stratigraphie de la fouille par la succession de l'avant et de l'après. Dans la plupart des cas, il suffit de disposer d'une fourchette de temps qui témoigne de toute façon d'une activité sismique dans une période et un lieu donnés. Mais quand les archéologues cherchent la datation absolue d'une trace sismique en tentant de la déduire d'une source écrite, alors nous sommes en difficulté. En fait, la corrélation entre les données archéologiques concernant les effets locaux d'un tremblement de terre X, et la mention d'un tremblement de terre Y contenue dans un texte, a souvent été à l'origine d'erreurs qui ont ensuite pénétré dans la littérature historiographique, par une sorte de jeu de miroirs. Ce n'est que dans de rares cas qu'il est possible de dater un tremblement de terre archéologique au moyen de sources écrites : dans ce cas est le tremblement de terre de 62 apr. J.-C., visible dans les fouilles de Pompéi et d'Herculanum, et arrivé dix-sept ans avant l'éruption du Vésuve, qui a enseveli la ville sous 6 à 8 m de matières volcaniques.

Le système mixte de datation, que j'ai souvent appelé « de type circulaire » peut inventer des tremblements de terre exagérément étendus en agrégeant à une datation absolue des traces sismiques différentes, la plupart du temps éloignées l'une de l'autre et dans le temps. Le cas le plus célèbre de cette extension indue des effets est celui du tremblement de terre et du tsunami du 21 juillet 365, qui a impliqué dans une discussion, presque un affrontement, trois générations de savants. Son universalité, facilement explicable du point de vue des sources, s'est consolidée en archéologie, à strictement parler, puis a été reprise dans une partie de l'historiographie. On peut ainsi priver de témoignages d'activité sismique d'autres régions, pour lesquelles nous n'avons que peu ou pas d'informations.

Il existe également de nombreux lieux archéologiques qui sont de véritables rébus du point de vue sismique, pour lesquels il n'y a pas de solutions certaines. Parfois, il faut accepter que la recherche soit logée à l'enseigne de l'incertitude.

Diriez-vous qu'il y a eu une évolution, ou qu'il y a des différences entre les tremblements de terre de l'Antiquité et ceux d'aujourd'hui ?

Les zones sismiques à risque sont-elles les mêmes ?

Leur nature est-elle la même ?

L'approche historique a-t-elle la même importance en ce qui concerne les autres phénomènes ? les phénomènes volcaniques par exemple ?

Comme je l'ai mentionné précédemment, les forces sismiques, comparées selon les différentes échelles du temps géologique et historique, peuvent être considérées comme « stables » : mais cela ne signifie pas que nous pouvons avoir une représentation précise de la sismicité du passé et nous contenter de comparer tout court nos données actuelles avec celles issues de la recherche historique, pour diverses raisons. Nous devons donc nous demander quelle est la représentation de la sismicité capable d'être produite par la sismologie historique, et quel rapport elle a avec la sismicité réelle.

Tout d'abord, le monde était beaucoup moins habité, et même de forts tremblements de terre ont pu ne laisser aucune trace décelable pour nous aujourd'hui ; mais à l'inverse, des tremblements de terre peuvent avoir eu lieu dans des endroits où personne n'était en mesure de ressentir l'événement, parce qu'il s'agissait de zones très peu ou pas du tout habitées, ou dépourvues de gens à même de laisser des souvenirs écrits. Et si quelqu'un a écrit, il faut aussi que les témoignages soient parvenus jusqu'à nous. Si l'on me passe cette comparaison, nous pouvons considérer ces témoignages comme des sismogrammes lointains, pour lesquels nous connaissons peu ou mal le fonctionnement de l'« instrument » qui les a produits.

En dehors des situations influencées par des événements historiques, nous pouvons affirmer que la sismicité naturelle était très similaire à notre sismicité actuelle, ce qui est utile pour les prévisions à moyen et à long terme. Toutefois, nous ne pouvons pas oublier que nous travaillons aujourd'hui sur des séries historiques défectueuses, autrement dit, nous sommes conscients d'avoir « perdu » de nombreux tremblements de terre.

Le problème de l'utilisation de ces données pour faire une sorte de prévision à moyen terme sur la base de la fréquence n'est ni simple ni évident pour la pratique statistique. En fait, plutôt que de *peser* ces incertitudes dans des calculs de probabilité, il est préférable d'utiliser uniquement les données relatives aux siècles qui sont considérés comme « complètes », eu égard aux niveaux de magnitude les plus élevés, c'est-à-dire pour l'Italie, les trois ou quatre derniers siècles. C'est un problème multidisciplinaire peu courant, qui reste encore à résoudre complètement, puisque en réalité, on perd de cette façon des informations importantes (à l'inverse, les géologues utilisent toutes les données, y compris les plus éloignées).

Il y a aussi des tremblements de terre rares, à savoir avec des périodes de récurrence de plus de deux mille ans, dont il est très probable qu'ils ne sont pas entrés dans notre fenêtre temporelle d'observation, si bien que nous ne savons pas où et quand ils pourraient nous frapper à nouveau. Pour dépasser cette fragmentation apparente, on a mis au point en Italie un modèle structurel fondé sur des bases historiques et géologiques d'une grande pertinence scientifique. Ce modèle identifie les zones sismogènes actives et vaut donc aussi pour l'avenir. Si nous ne pouvons pas prédire de façon déterministe « quand » se produira le prochain tremblement de terre majeur, néanmoins nous pouvons désormais savoir clairement « où » il se produira, et cela forme déjà une grande partie du rébus, parce que les zones historiques touchées sont toujours celles-ci, ce qui est (ou plutôt serait) un point de départ pour éviter les dommages.

Le monde antique se pose le problème de la prévision, en recherchant des signes précurseurs, que nous dirions aujourd'hui à court et très court terme. La tradition qui nous est transmise par Pline et par Cicéron (*De divinatione,* I, 501, 12) nous indique seulement deux prévisions réalisées : celle d'Anaximandre de Milet (VIe siècle av. J.-C.), l'élève de Thalès, qui a pu prédire un tremblement de terre à Sparte, et celle de Phérécyde de Syros (VIe siècle avant J.-C.), le maître de Pythagore.

L'Antiquité abonde en événements de très grande ampleur si l'on en croit les témoins, même s'il y a des polémiques à ce sujet, certains récits étant vraisemblablement des fictions. Qu'en pensez-vous ?

Il n'est pas facile de comprendre le point de vue de nombreux textes du monde antique et médiéval, très éloignés de notre sensibilité. Je pense qu'à l'origine de nombreux « récits » – qui ne sont pas purement mythologiques ou symboliques, dans une région où tout se complique par après – il y a un phénomène naturel réel, transfiguré et rendu presque méconnaissable. Et il est possible que, quelquefois, il y ait des choses fausses dans la description d'événements naturels désatreux ou de véritables catastrophes, mais je pense qu'elles ne sont pas entièrement intentionnelles. Je pense qu'il est beaucoup plus probable que ce qui nous semble absurde ou faux soit l'effet de dilatations, de distorsions ou d'exagérations, mais ne soit pas à proprement parler faux. La distance entre des cadres cognitifs si éloignés dans le temps et notre présent, appartenant à l'univers de l'observation scientifique et de la précision, peut faire donner à certaines descriptions l'apparence de la fausseté. Il dépend de la minutie de l'historien de décoder ces « sismogrammes » parfois mystérieux, pour en comprendre la déformation sous-jacente et le « bruit » de fond.

On trouve, à ce propos, un exemple intéressant et révélateur de cette façon de procéder dans les explications antiques, où sont utilisés à la fois la théorie, l'observation de la réalité et des éléments hypothétiques, relevant de l'imagination, et donc étrangers à la vérité : c'est ce qui se passe concernant la séparation de la Sicile du continent en raison d'un fort

tremblement de terre (ou de plusieurs), interprétation transmise par toute la tradition et dont parle aussi
Strabon, parmi d'autres. À mon avis, c'est un cas qui
pourrait être défini comme relevant d'une *explication
convergente*. On croyait que l'absence, dans le détroit,
d'une issue pour évacuer les vents souterrains avait été
la cause de l'activité sismique qui éloigna jadis la Sicile
du continent, la Sicile mettant ainsi en communica-
tion les mers Ionienne et Tyrrhénienne. Certains
auteurs anciens pensaient que les tremblements de
terre avaient érodé un cordon de terre préexistant,
et que cela s'était produit sur beaucoup de temps.

La théorie des vents souterrains devait expliquer
l'action sismique modificatrice, mais elle entrait dans
une contradiction théorique avec les vents extérieurs, c'est-à-dire avec le régime fort, stable et bien
connu des vents du détroit. Donc, pour s'accorder
avec la théorie, on en vint à penser que la sismicité
causée par les vents souterrains avait créé des ouver-
tures dans le sol, permettant de faire sortir les vents
à la surface. Les vents forts persistants servirent alors
de toile de fond aux monstres mythiques Charybde
(un tourbillon) et Scylla (un écueil), qui menaçaient
les marins : personnification de la difficulté qu'il y
avait à franchir le détroit (aujourd'hui encore on
parle d'être, au sens figuré, « entre Charybde et
Scylla »). Cette difficulté était due non pas aux
vents, mais au brusque changement des courants,
toujours irréguliers à cet endroit, parce que c'est
le point de contact des deux bassins marins (Ionien
et Tyrrhénien).

Dans le récit ancien, qui peut sembler très naïf,
il existe une intuition fondamentale vraie, encore
aujourd'hui, à savoir que la sismicité est une force
dynamique qui façonne les territoires. Nous savons
que la Sicile s'éloigne progressivement de la Calabre,
comme en témoignent les données géophysiques et
surtout les observations géodésiques. Cependant, il

n'y a jamais eu de « cordon » de terre entre les deux rives de la Sicile et la Calabre, sans compter que les Anciens ne pouvaient pas imaginer les temps en millions d'années dans lesquels se sont formées les côtes ni les importantes variations du niveau de la mer (supérieures à 120 m). Ici, les côtes sous-marines ressemblent à la partie émergée du détroit et présentent donc des pentes très abruptes atteignant une profondeur de plus de 1 000 m dans la partie méridionale du détroit.

Aujourd'hui, nous connaissons la cause géologique de ce mouvement qui sépare la Sicile du continent, selon une direction presque exactement est-ouest, qui s'oppose en effet à la poussée nord-nord-ouest de la plaque africaine, dont fait également partie la Sicile, par rapport à la plaque euro-asiatique. Plusieurs campagnes océanographiques menées dans la région ont mis en évidence un système de failles étendu, non loin des côtes. Et il y a dans le détroit une ligne de faille active et puissante, capable de générer des tremblements de terre de magnitude 7, comme celui de 1908. À partir des données historico-archéologiques nous avons connaissance au moins de l'un de ses *prédécesseurs*, à savoir le tremblement de terre de 362-363 apr. J.-C. Nous connaissons donc deux événements résultant de la même faille et compris dans notre fenêtre historique d'observation : c'est de la chance, mais ce n'est pas le seul cas dans la région méditerranéenne. Cela fait voir que le temps de récurrence d'un tremblement de terre fort produit par cette faille est d'environ mille cinq cents ans, période comparable à la vitesse d'extension du détroit, telle qu'elle ressort des données géodésiques. Je me suis demandé si la faible fréquence des tremblements de terre forts dans le détroit, qui est claire pour nous aujourd'hui, n'était pas, d'une manière ou d'une autre, connue dans les temps anciens et n'avait pas contribué à renforcer la théorie des vents souterrains « libérés ».

Y a-t-il selon vous des différences essentielles entre les diverses catastrophes naturelles de l'Antiquité et celles du même genre que nous connaissons aujourd'hui ?

La planète vous semble-t-elle plus menacée aujourd'hui, ou bien l'histoire vous conduit-elle à penser que rien ne change ?

À mon avis, il n'y a pas de différences essentielles dans les catastrophes naturelles, en ce sens qu'elles sont toutes reconnaissables dans nos catégories scientifiques actuelles. Ce qui change, et même de manière très claire, c'est la perception différente du phénomène et son impact, c'est-à-dire les effets produits, parce que l'environnement habité et l'environnement naturel se présentent aujourd'hui dans des conditions tout à fait différentes de celles du monde antique.

Je pense que le monde d'aujourd'hui est plus menacé par des facteurs anthropiques que par des événements naturels, même si ces derniers peuvent devenir des catastrophes majeures en raison des morts et des dommages dus avant tout à certains facteurs :

– l'augmentation de l'échelle démographique globale : nous sommes 7 milliards, contre une estimation d'environ 160 millions pour la période de l'Antiquité ;

– l'augmentation du niveau de vulnérabilité des constructions dans les zones les plus habitées de la planète – qu'on pense aux mégalopoles du Proche et de l'Extrême-Orient, dans des zones très sismiques. Les experts nous disent qu'au niveau mondial, la vulnérabilité des bâtiments s'élève considérablement à raison de l'augmentation de la pauvreté, qui détermine la croissance des grandes banlieues urbaines, où se concentrent des ensembles de bâtiments de très mauvaise qualité ;

– la présence de nombreuses industries à haut risque (centrales nucléaires, industries chimiques, etc.) dans des zones sismiques notoires.

Les systèmes de logement actuels – y compris les bâtiments, les routes, les connexions, etc., la dépendance à l'électricité ou à un seul combustible – sont complexes et vulnérables, de sorte que leur effondrement éventuel dû à un événement naturel extrême peut entraîner une série de conséquences beaucoup plus graves que celles qui pouvaient arriver dans le monde antique, y compris dans le cas de phénomènes du même type et de la même intensité.

Que pensez-vous des réactions humaines face à ces terribles évènements ?

Faisons-nous mieux aujourd'hui, ou avons-nous des leçons à prendre de la part des Anciens ?

Il y a des réactions humaines *subjectives*, que nous pourrions dire « élémentaires », qui sont communes à des sociétés et à des cultures même très éloignées dans le temps et dans l'espace géographique, telles que la peur, la fuite, le désarroi face à la perte de vies liées à la sienne propre ou à la perte de ses biens. Aujourd'hui, comme par le passé, venir après une catastrophe, c'est comme se trouver face à la fin de son propre monde. Il est nécessaire de compter sur sa propre capacité de réaction : cela a été vrai dans le passé et l'est encore aujourd'hui.

Ensuite, il y a les réactions qui dépendent de la culture de l'époque et du contexte historique et social. Nous pouvons nous demander, par exemple, si la *pitié* et la compassion, telles que nous les entendons aujourd'hui, étaient des sentiments répandus et partagés dans le monde antique et au Moyen Âge. Les sources font voir que les cités méditerranéennes sinistrées par les tremblements de terre ont souvent été attaquées et pillées, les survivants volés ou réduits en esclavage par les villes voisines. S'emparer des objets de valeur et du mobilier en les extrayant des décombres était une pratique répandue.

Aujourd'hui, nous sommes *solidaires* de ceux qui ont subi un désastre, nous sommes inclinés à faire preuve de *sympathie*, au sens étymologique du terme, à l'égard de ceux qui subissent un événement naturel terrible et se trouvent en difficulté. Les secours organisés par les gouvernements représentent une réponse sociale en accord avec les sentiments individuels répandus dans la société. La solidarité est un sentiment en un sens récent, fille des États nation, du christianisme et du romantisme, parce qu'il repose sur l'initiative individuelle (tout le monde, en tant qu'individu, donne ou fait). Ce sentiment n'existait pas dans le monde antique et médiéval.

Un autre aspect sur lequel nous pourrions réfléchir, et qui marque une distance décisive entre les situations actuelles de désastre et celles du passé, ce sont les reconstructions : à part la *générosité impériale*, ou les donations de personnes privées avec des objectifs politiques, ou un protecteur puissant, la reconstruction était un problème avant tout individuel et familial. La charge pouvait être si lourde, ou l'événement jugé si défavorable, en un sens superstitieux, que l'on était poussé à abandonner un site. Cela a été vrai non seulement dans le monde antique et dans l'Antiquité tardive, mais aussi pendant tout le Moyen Âge et dans les temps modernes, et je dirais, sauf exception rare, jusqu'au début du XXe siècle : ce n'est que depuis lors que les gouvernements centraux sont plus ou moins intervenus dans la reconstruction, avec un financement public substantiel pour reconstruire même les habitations privées. En Italie, c'est ce qui est arrivé à partir de 1909, après le terrible désastre du tremblement de terre du détroit de Messine (de magnitude 7, avec plus de 90 000 morts).

Aujourd'hui, dans la culture italienne répandue, la reconstruction d'un lieu endommagé aux frais de la communauté nationale est ressentie comme un droit, même s'il n'y a aucune loi qui le prévoit ou le réglemente. Notre Constitution indique les principes mais ne règle pas les procédures, qui sont appréciées dans chaque cas. Les reconstructions ont été et sont toujours pour l'Italie une charge économique considérable, une occasion de conflits sociaux et de disputes économiques et politiques, qui peuvent durer des décennies. La prévention n'est pas mise en œuvre sur une grande échelle en ce qui concerne les risques naturels, et il y aura encore des désastres. Ils appartiennent à une histoire millénaire qui suit son cours.

De ce point de vue, je ne pense pas que l'histoire soit *maîtresse de vie*, mais plutôt dispensatrice d'informations précieuses pour connaître et évaluer, peut-être pour modifier, notre relation à la nature.

Dans le présent, il y a beaucoup de traces du passé, mais il y a aussi beaucoup de traces de l'avenir, pour peu que nous voulions les voir. Et pourtant, nous sommes comme pris au piège dans une sorte de présent étendu : nous avons, par exemple, les moyens technologiques de savoir à tout instant où et quand se produisent des événements naturels catastrophiques, mais nous n'avons pas une culture de l'avenir qui nous pousserait à améliorer vraiment les réponses sociales apportées aux catastrophes naturelles. Nous avons une bonne géographie des zones sismiques, nous savons évaluer la probabilité de retour des événements destructeurs, mais la culture italienne commune considère encore les tremblements de terre comme des événements *occasionnels*, d'une manière qui n'est pas différente de celle des siècles passés, quand on croyait que seuls les saints, les miracles, ou simplement la chance, pourraient mettre à l'abri de ce genre de désastres. Mais il est vrai que quelque chose est en train de changer, lentement.

Les événements naturels extrêmes ont été un grand risque du monde antique, facteur de mort et de destruction, comme les guerres et les grandes épidémies. Nous n'avons rien résolu ni en ce qui concerne les risques naturels, ni en ce qui concerne les guerres, ni en ce qui concerne l'éventualité de pandémies induites. Les risques sont donc accrus, je dirais qu'ils se sont *additionnés*. De nouveaux risques anthropiques sont apparus, d'autres sont à l'horizon. Pouvons-nous nous considérer comme des « nains sur les épaules des géants », c'est-à-dire voir plus et mieux, grâce à ceux qui nous ont précédés ? J'ai beaucoup de doutes, parce que la sagesse nous fait défaut pour en tirer les conséquences.

Merci

Propos recueillis et traduits de l'italien
par Jean-Louis Poirier

CARTES

La Méditérranée antique (1 cm = 280 km)

© Les Belles Lettres

Le monde grec (1 cm = 98 km)

© Les Belles Lettres

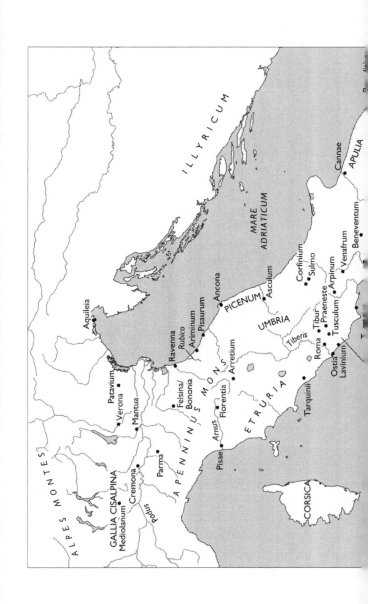

CAMPANIA
Capreae
Misenum
Neapolis
LUCANIA
Poseidonia/
Paestum
Tarentum
SARDINIA
MARE
TYRRHENUM
Thurii
Sybaris
Croton
BRUTTIUM
Messana
Rhegium
M. Aetna
SICILIA
Syracusae
Acragas/Agrigentum
Gela
Utica
Carthago
AFRICA

L'Italie antique (1 cm = 93 km)

© Les Belles Lettres

I

AU COMMENCEMENT

DES CATASTROPHES
À RÉPÉTITION

La préhistoire géologique du monde méditerranéen, riche en tremblements de terre, comme en bouleversements spectaculaires de la géographie – débordements des eaux, effondrements ou surrection de régions entières, phénomènes volcaniques –, invite évidemment à réfléchir sur la nature de l'évolution géologique elle-même. Il semble ainsi que pour les Anciens l'histoire de notre globe ne soit pas celle d'une transformation uniforme et continue, mettant en œuvre des processus qui seraient les mêmes aujourd'hui et hier – ce que l'on a appelé *actualisme*[1], ou plus tard *uniformitarisme* –, mais que la nature procède avec violence, déchaînant des forces qui n'opèrent plus de nos jours, modelant ou remodelant le monde à coups de catastrophes – ce qui s'appelle, en général, *catastrophisme*.

On pourra considérer les théories antiques à ce sujet. Elles se caractérisent en effet, au moins sur le plan descriptif, par un catastrophisme certain, même si ce catastrophisme est sans rapport avec les théories modernes, apparues à la fin du XVIIIe siècle[2], notamment en ceci que les Anciens ne se représentent pas les catastrophes comme chose inhabituelle, ni ce catastrophisme comme limité aux premiers temps de l'histoire de la Terre, mais comme une manière d'agir de la nature fréquente, sinon constante. Toutefois,

1. Par exemple : Charles Lyell.
2. Par exemple : Georges Cuvier, Alcide d'Orbigny.

on peut bien parler de *catastrophisme* tout simplement dans la mesure où les auteurs antiques accordent un rôle majeur aux catastrophes dans la formation du globe.

On se gardera toutefois de s'enfermer dans ce genre d'approche, aussi éclairante soit-elle, pour prendre connaissance de ce qu'écrivent historiens et géographes, parfois philosophes, dépositaires d'une mémoire foisonnante, enrichie d'observations pertinentes. Toutes choses qui attestent un monde méditerranéen antique à coup sûr géologiquement fort instable, fait de bouleversements et de migrations (les populations côtières étant fréquemment amenées à se déplacer), un monde où les divers éléments ne paraissent se tenir les uns par rapport aux autres que dans des limites extraordinairement mobiles. À en croire ces témoignages, il est clair que – catastrophes ou non – la carte de la Méditerranée n'a cessé d'être redessinée.

On ne manquera pas, non plus, de relever comment certains événements caractéristiques – déluges, nuées ardentes – s'inscrivent avec insistance dans la mémoire légendaire ou sacrée des peuples, sans pour autant toujours emporter la conviction, quant à leur réalité historique.

HOMÈRE
VIIIe s. av. J.-C.

VIRGILE
Ier s. av. J.-C.

CLAUDIEN
Ve s. ap. J.-C.

Lucrèce

Dans la tradition épicurienne, la formation des mondes est comprise d'après le modèle, atomistique, de la guerre des atomes. C'est une guerre sans fin entre les éléments qui rend compte, par les mêmes processus, de l'apparition et de la destruction des formes, des commencements du monde et de la fin du monde. L'histoire du monde n'est ainsi que l'histoire sans fin de la lutte des éléments dont l'affrontement catastrophique produit aussi bien les univers organisés que leur dispersion dans les profondeurs de l'infini. Histoire sans fin… jusqu'à la fin du monde.

CES CATASTROPHES QUI FONT UN MONDE

Mais, comme je l'ai enseigné, le monde n'est point formé d'une substance pleine, puisque le vide est mêlé aux corps ; il n'est pourtant pas comme le vide ; et il ne manque pas non plus de corps qui, jaillissant en masse des profondeurs de l'infini, seraient sans doute capables de renverser l'ensemble de notre monde dans un tourbillon impétueux, ou de lui infliger quelque autre désastre ; d'autre part l'espace, l'immensité du vide ne manquent pas davantage, où puissent s'éparpiller les remparts du monde ; enfin quelque autre force peut encore les faire périr sous ses coups. Ainsi donc la porte de la mort, loin d'être fermée pour le ciel, pour le soleil et la terre, et les eaux profondes de l'océan, leur est au contraire toute grande ouverte, et se prépare à les engloutir dans son vaste bâillement. Il te faut donc reconnaître que ce monde a eu, lui aussi, un commencement ; car, puisqu'il est de substance mortelle, il n'aurait pu, depuis l'infinité des siècles écoulés, braver impunément jusqu'à ce jour les assauts vigoureux de l'immensité du temps.

Enfin, quand une lutte si furieuse met aux prises les membres gigantesques du monde, engagés dans une guerre impie, ne vois-tu pas que ce long combat pourra un jour recevoir sa fin ? le soleil, par exemple, et tous les feux de l'univers, après avoir absorbé toutes les eaux, ne seront-ils pas les vainqueurs ? C'est à ce résultat qu'ils tendent, sans que jusqu'à présent leurs efforts aient abouti ; car les fleuves leur opposent des forces égales, et même menacent de tout engloutir, en débordant des profonds abîmes de l'océan : menace vaine du reste, car les vents qui balaient la surface des mers en diminuent la masse, comme aussi dans l'éther le soleil qui la décompose de ses rayons ; et tous deux se flattent de pouvoir tout tarir avant que l'élément liquide ait pu toucher au terme de son entreprise. C'est ainsi que ces éléments, animés d'une même ardeur dans une lutte à chances égales, combattent pour la décision qui leur livrera le vaste monde : et du reste dans ce duel, le feu a déjà triomphé, et une fois aussi, dit la légende, les eaux ont régné sur les campagnes.

[…]

Le feu peut bien être vainqueur quand ses éléments, se rassemblant des profondeurs de l'infini, arrivent à l'emporter en nombre ; puis sa violence tombe, vaincue par quelque autre cause ; sinon ce sont les choses qui périssent, consumées par son souffle brûlant.

L'eau de même, s'étant amassée autrefois, commença, dit la légende, par être victorieuse ; ce fut alors qu'elle engloutit de nombreuses cités des hommes. Puis lorsque sa force dut céder à quelque autre cause, lorsque se fut retirée cette masse qui s'était rassemblée des profondeurs de l'infini, les pluies s'arrêtèrent, et les cours d'eau perdirent de leur violence.

De la nature, Chant V, 364-415

LE MONDE DISPARAÎTRA UN JOUR

Peut-être, intimidé par la religion, crois-tu encore que la Terre et le Soleil et le ciel, la mer, les astres, la Lune, en vertu de leur essence divine, doivent demeurer éternellement ; qu'il est donc juste de punir, comme le furent les Géants, de toutes les peines qu'il mérite, l'effroyable crime de ceux qui osent par leur doctrine ébranler les remparts du monde, qui veulent éteindre dans le ciel ce soleil à l'éclat sans égal, flétrissant dans leur langage mortel des êtres immortels. Et pourtant les choses dont je parle sont tellement éloignées de la divinité, tellement indignes d'être mises au nombre des dieux qu'on les croirait plutôt destinées à nous faire connaître ce qu'est un corps privé du mouvement et du sentiment propres à la vie.

De la nature, Chant V, 114-125

HOMÈRE
VIIIe s. av. J.-C.

VIRGILE
Ier s. av. J.-C.

CLAUDIEN
Ve s. ap. J.-C.

Sénèque

Pour la physique stoïcienne, l'histoire du monde est la suite infinie, l'alternance, l'éternel retour de l'ordre et du chaos, l'un naissant de l'autre et l'autre naissant de l'un. Les stoïciens comprennent l'univers physique non pas descriptivement comme l'ensemble de toutes choses, mais, dynamiquement, bel et bien comme la somme active des opérations qui s'accomplissent en lui, ou l'effet de la rencontre et du combat de ces forces, les choses n'étant rien d'autre en fait que des forces, le monde rien d'autre que l'affrontement de ces forces. Ce sont ces tensions d'opposés qui tiennent le monde et en font la solidité tout comme la ruine. C'est pourquoi les stoïciens n'hésitent pas à recueillir l'héritage mythologique qui comprend les dieux comme des forces de la nature.

Cette vie du monde, qui s'accomplit dans un combat des géants, qui ramène la nature à des forces, en éclaire puissamment le devenir, de façon presque visionnaire. Elle donne le premier rôle à ces bouleversements majeurs, à ces renversements de rapports de force que nous appelons encore « catastrophes », d'un terme qui doit beaucoup à la physique stoïcienne.

LES CATASTROPHES SONT INSCRITES DANS LA NATURE DE L'UNIVERS

Dès [que le monde] a existé, il a eu en lui non seulement le Soleil, la Lune, les astres avec leurs diverses révolutions et les germes de ce qui devait prendre vie, mais aussi les causes des bouleversements terrestres. Dans le nombre, il y avait le déluge qui, tout comme l'été et l'hiver, est amené par la loi de l'univers. Il sera la conséquence, non pas de la pluie, mais aussi de la pluie ; non pas de la mer envahissant les continents, mais aussi de cette invasion ; non pas d'un tremblement de terre, mais aussi de cette

8

commotion. Tout aidera la nature, pour que s'accomplissent les desseins de la nature.

Et pourtant, la cause principale de son inondation viendra de la terre même qui, nous l'avons vu, est susceptible de se transformer et de se résoudre en eau. Au jour qui mettra fin à l'humanité, soit que la terre doive périr en partie ou être totalement anéantie pour renaître neuve et innocente, sans qu'il survive un être qui y ramène le mal, ce jour-là l'eau sera en plus grande abondance qu'elle n'a jamais été. La terre et l'eau sont présentement dans la mesure nécessaire pour la tâche qui leur est assignée. Il convient que l'un des deux s'accroisse pour que l'inégalité s'établisse et rompe l'équilibre. C'est l'élément liquide qui recevra un surplus. Il est maintenant assez abondant pour encercler les continents, mais non pour les submerger. Quoi qu'on y ajoute, il envahira nécessairement une place qui ne lui appartient pas. Peut-être faut-il que la terre perde de sa masse, pour que, affaiblie, elle succombe à l'autre élément devenu plus fort qu'elle. On la verra donc d'abord se décomposer, puis se désagréger, se liquéfier, se perdre en un écoulement perpétuel. Des fleuves jailliront alors de dessous les montagnes, les ébranleront de leurs flots impétueux et s'épancheront par l'issue qu'ils se seront donnée. Partout l'eau sortira du sol ; elle sourdra du sommet des montagnes. De même qu'une maladie gagne les parties saines du corps et que l'entourage d'un ulcère s'infecte par contagion, on verra de proche en proche les régions voisines des terres en dissolution se délayer à leur tour, dégoutter, glisser et, comme en bien des endroits des fissures s'ouvriront dans le rocher, les eaux s'y précipiteront et réuniront les mers les unes aux autres. Il n'y aura plus d'Adriatique, plus à de détroit de Sicile, ni de Charybde, ni de Scylla. La nouvelle mer engloutira toutes ces fables et l'Océan actuel, qui ceint et qui limite la terre habitée, viendra en occuper le centre.

Est-ce tout ? L'hiver n'en continuera pas moins à empiéter sur les autres saisons. L'été sera délogé. Les constellations qui dessèchent le sol verront leur chaleur refoulée et chômeront. Alors périra la foule des noms, mer Caspienne et mer Rouge, golfes d'Ambracie et de Crète, Propontide et Pont-Euxin. Toute différence disparaîtra ; les choses que la nature a distinguées à raison de leurs fonctions, seront confondues. Ni les remparts, ni les tours ne protégeront plus personne ; il ne servira à rien d'aller supplier dans les temples et de se réfugier au plus haut des cités : les eaux devanceront les fuyards et les emporteront des citadelles mêmes. Il en viendra du couchant ; il en viendra du levant. Un seul jour ensevelira le genre humain et engloutira ce que la longue complaisance de la fortune a favorisé, ce qu'elle a mis au-dessus de tout le reste, toute illustration, toute beauté et les empires de grandes nations.

Questions naturelles, Livre III, XXIX, 3-9

HOMÈRE
VIIIe s. av. J.-C.

VIRGILE
Ier s. av. J.-C.

CLAUDIEN
Ve s. ap. J.-C.

Platon

Ce mythe de Platon – le mythe « géographique » du Politique *– renvoie à un fantasme parmi les plus prégnants, celui du monde qui tourne à l'envers. Si ce mythe, propre à la découverte du drame des Cités emportées dans l'histoire, métaphorise la hantise de la décadence politique, la hantise de la perte par les sociétés des références et du savoir politiques qui seuls pourraient écarter la catastrophe civile, cette métaphore met en scène un modèle cosmologique et géographique qui associe le sort des sociétés humaines et celui d'un globe terrestre ayant perdu l'heureuse mobilité tirée d'un geste divin, et désormais livré à un mouvement rétrograde promis à l'épuisement. Ce rebroussement dans le mouvement de rotation de la machine de l'Univers est exactement ce qu'on appelle une catastrophe, un retournement sur soi qui redistribue tous les éléments sens dessus dessous. Cette catastrophe cosmique est marquée par l'inversion du sens de rotation du ciel et des astres, comme par l'inclinaison de l'axe du globe sur l'axe de l'univers : en quoi il y va des saisons et de leur capacité à nous enseigner l'ordre.*

LA PIRE DES CATASTROPHES

L'ÉTRANGER. — On contait donc, et l'on contera encore, parmi tant d'autres histoires du temps jadis, celle de ce phénomène qui marqua la fameuse querelle d'Atrée et de Thyeste. Car tu as dû entendre et garder en mémoire ce qu'on rapporte à ce sujet.

SOCRATE LE JEUNE. — Tu veux parler, peut-être, du prodige de la brebis d'or ?

L'ÉTRANGER. — Nullement, mais de celui qui intervertit le lever et le coucher du soleil et des autres astres. Car, l'endroit où ils se lèvent maintenant, ils s'y couchaient alors, et se relevaient à l'opposé, et c'est précisément à cette occasion, pour témoigner

11

en faveur d'Atrée, que le dieu renversa leur cours et introduisit l'ordre actuel.

Socrate le jeune. — On raconte cela aussi, en effet.

L'étranger. — Il y a encore l'histoire de Cronos, objet de tant de récits.

Socrate le jeune. — De beaucoup, certes.

L'étranger. — Et celle-ci : que les gens de l'âge précédent naissaient de la terre au lieu de s'engendrer les uns les autres ?

Socrate le jeune. — Elle aussi fait partie de ces vieilles légendes.

L'étranger. — Eh bien, toutes ces merveilles résultent du même phénomène, avec des milliers d'autres encore plus étonnantes ; mais, dans un si long cours du temps, les unes se sont évanouies, et les autres se sont parsemées en épisodes indépendants. Quant au phénomène qui les a toutes produites, personne n'en a parlé, et c'est maintenant l'heure de le faire connaître, car il nous sera utile pour établir la nature du roi.

Socrate le jeune. — C'est fort bien dit : parle sans rien omettre.

L'étranger. — Écoute. Cet univers où nous sommes, à de certains moments, c'est Dieu lui-même qui guide sa marche et préside à sa révolution ; à d'autres moments, il le laisse aller, quand les périodes de temps qui lui sont assignées ont achevé leur cours, et l'univers recommence alors de lui-même, en sens inverse, sa route circulaire, en vertu de la vie qui l'anime et de l'intelligence dont le gratifia, dès l'origine, celui qui l'a composé. Or, cette disposition à la marche rétrograde lui est nécessairement innée, pour la raison que voici.

Socrate le jeune. — Quelle est cette raison ?

L'étranger. — Conserver toujours le même état, les mêmes manières d'être, et rester éternellement identique, cela ne convient qu'à ce qu'il y a de plus éminemment divin, et la nature corporelle n'est point de cet ordre. Or, l'être que nous appelons Ciel et Monde, tout comblé qu'il ait été de dons bienheureux par celui qui l'engendra, ne laisse point de participer au corps. Il ne saurait donc être entièrement exempt de changement, mais, en revanche, dans la mesure de ses forces, il se meut sur place, du mouvement le plus identique et le plus un qu'il puisse avoir : aussi a-t-il reçu en partage le mouvement de rétrogradation circulaire, qui, entre tous, l'éloigne le moins de son mouvement primitif. Mais, être toujours l'auteur de sa propre rotation, cela n'est guère possible non plus qu'à celui qui entraîne tout ce qui se meut, et, celui-là, mouvoir tantôt dans un sens et tantôt dans un autre ne lui est point permis. Pour toutes ces raisons, il ne faut dire ni que le monde est l'auteur continu de sa propre rotation, ni qu'elle est, tout entière et sans interruption, conduite par un Dieu dans ces révolutions alternantes et contraires, ni, non plus, qu'elle est due à je ne sais quel couple de dieux dont les volontés s'opposeraient. Mais, comme je le disais tout à l'heure, l'unique solution qui reste, c'est que tantôt il soit conduit par une action étrangère et divine et, reprenant une vie nouvelle, reçoive aussi de son auteur une immortalité restaurée, et que, tantôt, laissé à lui-même, il se meuve de son propre mouvement et, à raison même du moment où l'impulsion d'autrui l'abandonne, parcoure un circuit rétrograde pendant des milliers et des milliers de périodes, parce que sa masse énorme tourne en parfait équilibre sur un pivot extrêmement petit.

Socrate le jeune. — Il y a certainement un grand air de vraisemblance en tout ce que tu viens d'exposer.

L'étranger. — Raisonnons donc et, nous aidant de ce que nous venons de dire, voyons quel est ce phénomène qui, d'après nous, fut cause de tant de prodiges. Car, au fait, c'est en cela même qu'il consiste.

Socrate le jeune. — En quoi donc ?

L'ÉTRANGER. — En cette alternance de l'univers, qui tourne tantôt dans le sens de son mouvement actuel, tantôt dans le sens opposé.

SOCRATE LE JEUNE. — Comment cela ?

L'ÉTRANGER. — Ce changement de sens est, de tous les bouleversements auxquels est sujet l'univers, celui qu'il faut regarder comme le plus grand et le plus complet.

SOCRATE LE JEUNE. — C'est au moins vraisemblable.

L'ÉTRANGER. — C'est donc à ce moment aussi, devons-nous croire, que se produisent les changements les plus considérables pour nous, qui vivons dans son intérieur.

Politique, 268e-270c

CONTINENTS ENGLOUTIS,
TERRES ÉMERGÉES

Voilà des cataclysmes qui d'un côté – en renvoyant tantôt à la fin d'un monde, tantôt à la naissance d'un monde nouveau – mobilisent l'imagination et fournissent ses thèmes à l'art littéraire, et d'un autre côté – qu'il ne faut pas oublier – peuvent aussi être, et sont parfois en effet, des événements réels, relevant de l'histoire géologique et de la description de la nature. Pour le premier aspect, nous laissons la parole à Platon et à Ovide, au philosophe et au poète ; pour le second aspect, on consultera les écrits des géographes, des historiens et des savants, les Pline, les Strabon, mais aussi les Diodore, et quelques autres. La cohérence et la vérité historique ne sont peut-être pas toujours au rendez-vous, les éventuelles concordances doivent être considérées avec prudence, puisque ces écrits, qui sont rarement des témoignages directs, s'empruntent et se citent volontiers les uns les autres.

En tout cas, la liste est longue de ce genre de cataclysmes, et ces textes sont précieux pour essayer de l'établir. Découvrons donc une Méditerranée géologiquement très active, comme elle est – marquée, ainsi que nous le savons, par quelques failles majeures, à la rencontre de plusieurs plaques continentales.

HOMÈRE
VIIIe s. av. J.-C.

VIRGILE
Ier s. av. J.-C.

CLAUDIEN
Ve s. ap. J.-C.

Platon

Nous devons à Platon, en un récit aussi fabuleux qu'attachant, l'évocation de l'île Atlantide. L'histoire qu'il rapporte suscite inévitablement une émotion qui serre le cœur : il est clair qu'avec l'engloutissement de cette île, nous assistons à un évènement qui déborde largement la préhistoire géologique. Ce qui disparaît sous les flots n'est pas seulement une île perdue ou mystérieuse, mais une civilisation et un empire puissants et admirables, dont on fera un paradis perdu ou un pays d'Utopie, et dont la mémoire sera cultivée des siècles durant. Il n'est pas indifférent d'admettre que la Cité idéale, dont tout politique recherche l'avènement, n'est rien qu'un souvenir qu'on voudrait en vain arracher à l'océan. Telle est sans doute la leçon de Platon qui insiste trop sur la vérité de ce récit rapporté, prêté à Solon, pour nous convaincre entièrement de sa véracité.

Même si la discussion demeure ouverte, et si certains cataclysmes dont nous avons la trace irrécusable pourraient correspondre au récit de Platon, et accréditer une éventuelle localisation[1], l'ensemble des recherches actuelles conduisent à ranger ce récit – et plus encore ses tentatives modernes de récupération ! – au rang des fables.

L'ATLANTIDE

Les hommes ont été détruits et le seront encore et de beaucoup de manières. Par le feu et par l'eau eurent lieu les destructions les plus graves. Mais il y en a eu d'autres moindres, de mille autres façons. Car, ce qu'on raconte aussi chez vous, qu'une fois, Phaéton, fils d'Hélios, ayant attelé le char de son père, mais

---

1. Les hypothèses sont multiples. La moins invraisemblable renvoie à l'île de Santorin (*Théra* dans l'Antiquité) et à un cataclysme que l'on date du XVIe siècle av. J.-C.

incapable de le diriger sur la voie paternelle, incendia tout ce qu'il y avait sur la terre et il périt lui-même, frappé de la foudre, cela se dit en forme de légende. La vérité, la voici : une déviation se produit parfois dans les corps qui circulent au ciel, autour de la terre. Et, à des intervalles de temps largement espacés, tout ce qui est sur terre périt alors par la surabondance du feu. Alors, tous ceux qui habitent sur les montagnes, dans les lieux élevés et dans les endroits secs, périssent, plutôt que ceux qui demeurent proches des fleuves et la mer.

Mais, pour nous, le Nil, notre sauveur en d'autres circonstances, nous préserve aussi de cette calamité-là, en débordant. Au contraire, d'autres fois, quand les dieux purifient la terre par les eaux et la submergent, seuls, les bouviers et les pâtres, dans les montagnes, sont sauvés, mais les habitants des villes de chez vous sont entraînés dans la mer par les fleuves. À l'inverse, dans ce pays-ci, ni alors, ni dans d'autres cas, les eaux ne descendent des hauteurs dans les plaines, mais c'est toujours de dessous terre qu'elles sourdent naturellement. De là vient dit-on qu'ici se soient conservées les plus anciennes traditions.

Timée, 22d-23e

Mais un [peuple] surtout l'emporte sur tous les autres en grandeur et en héroïsme. En effet, nos écrits rapportent comment votre cité anéantit jadis une puissance insolente qui envahissait à la fois toute l'Europe et toute l'Asie et se jetait sur elles du fond de la mer Atlantique. Car, en ce temps-là, on pouvait traverser cette mer. Elle avait une île, devant ce passage que vous appelez, dites-vous, les colonnes d'Hercule. Cette île était plus grande que la Libye et l'Asie réunies. Et les voyageurs de ce temps-là pouvaient passer de cette île sur les autres îles, et de ces îles, ils pouvaient gagner tout le continent, sur le rivage opposé de cette mer qui méritait vraiment son nom. Car, d'un côté, en dedans de ce détroit dont nous parlons, il semble qu'il n'y ait qu'un havre au goulet resserré et, de l'autre, au dehors, il y a cette mer véritable et la terre qui l'entoure et que l'on peut appeler véritablement, au sens propre du terme, un continent. Or, dans cette île Atlantide, des rois avaient formé un empire grand et merveilleux. Cet empire était maître de l'île tout entière et aussi de beaucoup d'autres îles et de portions du continent.

[…]

Mais, dans le temps qui suivit, il y eut des tremblements de terre effroyables et des cataclysmes. Dans l'espace d'un seul jour et d'une nuit terrible, toute votre armée fut engloutie d'un seul coup sous la terre, et de même l'île Atlantide s'abîma dans la mer et disparut. Voilà pourquoi, aujourd'hui encore, cet Océan de là-bas est difficile et inexplorable, par l'obstacle des fonds vaseux et très bas que l'île, en s'engloutissant, a déposés.

Timée, 24e-25d

HOMÈRE
VIIIe s. av. J.-C.

VIRGILE
Ier s. av. J.-C.

CLAUDIEN
Ve s. ap. J.-C.

Ovide

*Le thème de la Cité engloutie est, on le comprend,
un thème esthétique capable de nourrir la poésie, qui, par
son étrange toute-puissance, en grandit le pouvoir expressif
et en exploite l'exceptionnelle capacité évocatrice.*

*Dès que la nature nous donne à voir, à travers
un paysage actuel, un autre paysage disparu ou recouvert,
la poésie sait recueillir le tremblement intérieur de ce regard
pour mobiliser une nostalgie qui transfigure le monde, et
envahit le moi. L'un des plus grands poètes de l'Antiquité,
Ovide, sait recueillir et décrire les émotions qui accompagnent
le retour sur ces grands cataclysmes.*

CITÉS ENGLOUTIES

Moi-même j'ai vu une mer qui avait remplacé
une terre jadis très solide ; j'ai vu des terres qui
avaient remplacé la mer ; on a trouvé sur le sol, bien
loin des flots, des coquilles marines et de vieilles
ancres au sommet des montagnes ; de ce qui était
un champ une inondation a fait parfois une vallée et
un torrent débordé a forcé une montagne à descendre
dans la plaine ; tel terrain où il y avait un marais est
aujourd'hui desséché, couvert de sables arides et sur
d'autres qui avaient souffert de la soif s'étendent
les eaux stagnantes d'un marécage. Ici la nature a
ouvert de nouvelles sources, là elle en a fermé ; et
combien de fleuves, par l'effet d'anciens tremblements de terre, jaillissent du sol, tandis que d'autres
s'y enfoncent laissant leur lit à sec ! C'est ainsi que
le Lycus, absorbé dans la terre béante, en ressort à
une grande distance et renaît au jour par une autre
ouverture ; c'est ainsi encore qu'après avoir été bu par
le sol, après avoir coulé dans un gouffre souterrain,
le puissant Erasinus est enfin rendu aux campagnes

d'Argos. En Mysie, le Caïque, dégoûté, dit-on, de sa source et de ses rives premières, a changé de direction ; tantôt l'Amenanus se précipite, en charriant dans son cours les sables de la Sicile, tantôt, ses sources taries, il laisse son lit à sec. Jadis on buvait les eaux que verse au loin l'Anigros ; personne ne voudrait plus y toucher, depuis le jour où, s'il faut en croire les poètes, les monstres à la double forme y ont lavé les blessures que leur avait faites l'arc d'Hercule, le héros armé de la massue. Eh quoi ! l'Hypanis, qui, sorti des montagnes de la Scythie, ne roule d'abord que de l'eau douce, n'est-il pas altéré ensuite par des sels amers ? les flots entouraient Antissa, Pharos et Tyr la Phénicienne ; aujourd'hui ce ne sont plus des îles. Leucade faisait partie du continent, au temps de ses habitants primitifs ; aujourd'hui la mer l'environne ; Zanclé, elle aussi, était, dit-on, réunie à l'Italie, avant que les limites de cette ville fussent emportées par les vagues et que l'eau eût, de chaque côté, repoussé la terre. Si vous cherchez Hélicé et Buris, villes de l'Achaïe, vous les trouverez sous les flots ; les matelots montrent encore leurs ruines, entourées de leurs remparts submergés. Près de Trézène, où règne Pitthée, s'élève une colline sans arbres ; il y avait là jadis une plaine entièrement découverte ; aujourd'hui c'est une colline ; par un prodige dont le seul récit fait frémir, des vents d'une violence terrible, enfermés dans des cavernes cachées à tous les regards, cherchèrent une issue par où leur souffle pût se déchaîner ; ayant vainement lutté pour se donner libre carrière à l'air libre et ne trouvant pas dans toute leur prison une seule fente qui pût livrer passage à leur haleine, ils tendirent et gonflèrent la surface du sol, comme un souffle de notre bouche tend une vessie ou une outre, dépouille d'un bouc au front cornu ; le terrain en est resté gonflé ; il présente l'aspect d'une haute colline et il s'est durci avec le temps.

Métamorphoses, Livre XV, 261-306

HOMÈRE
VIIIe s. av. J.-C.

VIRGILE
Ier s. av. J.-C.

CLAUDIEN
Ve s. ap. J.-C.

Pline l'Ancien

On pourra trouver, ci-après, l'évocation de plusieurs catastrophes majeures qui ont incontestablement modifié, aux époques géologiques récentes, le visage et la carte de la Méditerranée. On les retrouvera plus bas. La liste impressionnante donnée par Pline est le plus souvent attestée par d'autres sources, dont les écrits des historiens, mais il faut reconnaître qu'elle présente des difficultés chronologiques considérables qui interdisent une datation sérieuse des événements.

CÔTES REDESSINÉES : TERRES NOUVELLES, TERRES ENGLOUTIES

Les tremblements de terre s'accompagnent de débordements de la mer, que le même souffle force apparemment à se répandre ou qui s'écoule dans le creux de la terre affaissée. Le plus grand tremblement de terre, de mémoire d'homme, est celui qui se produisit sous le règne de Tibère César et abattit douze villes d'Asie en une nuit [En 17 ap. J.-C.] ; la série de tremblements la plus nombreuse se déroula durant la guerre punique : dans la même année, on en apporta cinquante-sept fois la nouvelle à Rome, l'année même où, engagés dans la bataille du lac Trasimène, ni les Carthaginois ni les Romains ne ressentirent une secousse pourtant très violente. D'ailleurs, le fléau n'est pas simple et ne représente pas seulement un danger en lui-même, mais un péril égal ou plus grand par ce qu'il présage. Jamais la ville de Rome n'a tremblé sans que ce tremblement annonçât quelque événement imminent. La même cause fait naître des terres nouvelles, lorsque ce même souffle, assez fort pour soulever le sol, est trop faible pour faire éruption. Car elles

21

ne naissent pas seulement du charriage des fleuves :
telles les îles Échinades formées par les dépôts du
fleuve Achéloüs ou la plus grande partie de l'Égypte
formée par ceux du Nil, alors qu'à en croire Homère
il fallait un jour et une nuit de traversée pour aller
de l'île de Pharos à la côte ; ni par le retrait de
la mer, comme à Circéi, selon le même auteur ; on
mentionne encore un retrait semblable dans le port
d'Ambracie, sur une distance de 10 000 pas et au
port athénien du Pirée sur 5 000 pas, ainsi qu'à
Éphèse, où la mer baignait jadis le temple de Diane.
Si nous en croyons Hérodote, c'était la mer au-delà
de Memphis jusqu'aux monts d'Éthiopie et de même
vers les plaines d'Arabie ; c'était la mer autour d'Ilion
et dans toute la Teuthranie et là où le Méandre a
amassé des plaines.

Des terres naissent aussi d'une autre façon et
surgissent tout à coup dans une mer, comme si
la nature balançait ses comptes avec elle-même et
restituait ici ce qu'un gouffre a englouti là.
[...]

La nature a fait disparaître entièrement certaines
terres : avant tout, si nous en croyons Platon, sur
un immense espace occupé par l'océan Atlantique ;
puis à l'intérieur, où nous voyons aujourd'hui l'Aca-
manie submergée par le golfe d'Ambracie, l'Achaïe
par le golfe de Corinthe, l'Europe et l'Asie par
la Propontide et par le Pont. En outre la mer a percé
les passages de Leucade, d'Antirrhium, l'Hellespont,
les deux Bosphores.

Histoire naturelle, Livre II, LXXXVI-XCIV.

HOMÈRE
VIIIe s. av. J.-C.

VIRGILE
Ier s. av. J.-C.

CLAUDIEN
Ve s. ap. J.-C.

Strabon

ÎLES DÉTACHÉES DU CONTINENT

Touchant le nom de Rhégion, l'une des hypo-thèses proposées l'explique avec Eschyle par le boule-versement qui a marqué cette région : la Sicile aurait été arrachée du continent par des tremblements de terre. Citons, entre autres auteurs, Eschyle lui-même :

C'est pourquoi, depuis lors, on l'appelle Rhégion. Pour prouver qu'un tel événement n'est pas invrai-semblable, les auteurs allèguent les phénomènes simi-laires observés sur l'Etna et dans d'autres parties de la Sicile, sur l'île de Lipara et sur les îles voisines, enfin sur Pithécusses et sur toute la côte qui lui fait face. Ils reconnaissent, il est vrai, qu'aujourd'hui la terre tremble rarement dans la région du détroit, parce que les bouches par lesquelles s'exhale le feu et se déversent les matières incandescentes et l'eau sont depuis longtemps ouvertes. Mais ils affirment qu'autrefois, quand tous les conduits menant à la surface de la terre étaient encore bouchés, le feu couvant sous terre et l'air sous pression provoquaient de brutales secousses sismiques et que les terres ainsi ébranlées avaient fini par céder à la poussée des vents et par ouvrir, en se déchirant, le passage aux deux mers qui les bordaient. Cette explication vaut non seulement pour la mer du détroit, mais aussi pour la mer qui sépare les unes des autres toutes les îles de ces parages, car Prochyté, Pithécusses, Capri et les îles de Leucosia, des Sirènes et des Œnotrides sont des fragments détachés du continent. D'autres îles, en revanche, ont surgi des profondeurs de la mer, comme cela se passe encore aujourd'hui en plusieurs endroits. Il y a lieu de croire, en effet, que les îles situées en pleine mer se sont plutôt soulevées du fond que détachées de la côte. Mais pour celles qu'on voit devant les promontoires et séparées d'eux par un simple détroit, il est plus raisonnable d'admettre qu'elles en ont été arrachées.

Géographie, VI, 1, 6

LÉGENDES,
RÉCITS SACRÉS, MÉMOIRE

La préhistoire géologique de la Méditerranée présente donc cette singularité d'avoir été le théâtre d'un certain nombre d'événements géologiques majeurs, comme des tremblements de terre, des éruptions volcaniques et des tsunamis – tous bouleversements ayant abouti à redessiner les côtes à plusieurs reprises et de façon importante – et de porter une mémoire de ces événements inscrite à la fois dans les récits mythologiques, voire dans certains textes sacrés, et dans les œuvres, bien ultérieures, de nombre d'historiens antiques.

De là l'inévitable question – quoique méthodologiquement inacceptable – de savoir si ce que nous apprend l'histoire de notre globe, telle que l'écrit la géologie scientifique, confirme ou non les fictions de la mythologie ou la mémoire des historiens, et inversement si les récits des historiens viennent au secours de la mythologie ou des textes sacrés, sans être abusivement sollicités. Plus simplement, on ne saurait exclure que des textes légendaires ou tenus pour sacrés portent eux-mêmes trace ou témoignage d'événements réellement survenus dans un passé immémorial.

Il est ainsi difficile de ne pas rapprocher le mythe de Deucalion, le Déluge biblique dit de Noé, et, d'une part, les multiples allusions des historiens ou des géographes à l'apparition de la mer Égée et, d'autre part, les enseignements de la géologie préhistorique concernant, depuis environ -17 000, les diverses « déglaciations » qui sont responsables d'une élévation considérable du niveau des mers, et en particulier de la formation de la mer Égée (transgressions dites « solutréennes » et « flandrienne »).

Comme il est difficile de ne pas se poser de questions à propos du sort bibliquement réservé à Sodome, à la lecture du témoignage des historiens qui évoquent une nuée ardente, ou des géographes qui parlent d'une région particulièrement sujette aux phénomènes volcaniques[1].

---

1. Chacun sait que cette région n'est aucunement sujette aux phénomènes volcaniques. On a affaire, en fait, à des affleurements bitumineux, ou à des champs pétrolifères.

HOMÈRE
VIIIe s. av. J.-C.

VIRGILE
Ier s. av. J.-C.

CLAUDIEN
Ve s. ap. J.-C.

Apollodore

Nombreux sont les récits, évidemment mythologiques, du déluge dit de Deucalion. Celui d'Apollodore est sans doute le plus synthétique.

DEUCALION ET PYRRHA

Prométhée eut pour fils Deucalion, qui régna sur la Phthiotide, et épousa Pyrrha, fille d'Epiméthée et de Pandore, la première femme que les dieux créèrent. Jupiter voulant détruire l'espèce des hommes d'airain, Deucalion se fabriqua, par le conseil de Prométhée, un coffre, dans lequel il mit toutes les choses nécessaires à la vie, et s'y retira avec Pyrrha. Jupiter ayant fait tomber beaucoup de pluie du ciel, la plus grande partie de la Grèce fut inondée, et tous les hommes périrent, à l'exception de quelques-uns qui se réfugièrent sur les hauteurs des montagnes voisines. Ce fut alors que se séparèrent les montagnes de la Thessalie. Toute la partie de la Grèce, en dehors du Péloponnèse et de l'Isthme, fut inondée. Deucalion ayant été ballotté par la mer pendant neuf jours et neuf nuits, aborda enfin au Parnasse ; la pluie ayant cessé alors, il sortit de son coffre, et offrit un sacrifice à Jupiter Phyxius. Jupiter ayant envoyé Mercure vers lui, lui permit de demander ce qu'il voudrait. Deucalion le pria de repeupler la terre ; alors, d'après l'ordre de Jupiter, ils jetèrent des pierres derrière eux ; celles que Deucalion jetait se changeaient en hommes, celles que Pyrrha jetait se changeaient en femmes. C'est de là que les peuples furent appelés, par métaphore, Λαοὶ de Λάας, pierre.

Bibliothèque, ch. VII

HOMÈRE
VIIIe s. av. J.-C.

VIRGILE
Ier s. av. J.-C.

CLAUDIEN
Ve s. ap. J.-C.

Diodore de Sicile

L'intérêt et les limites de cette page sont qu'elle se situe à l'articulation, qu'elle opère, entre le savoir géographique ou historique et la mythologie, faisant du mythe de Deucalion et Pyrrha un élément capable de s'intégrer à une géographie de l'Égypte.

L'ÉGYPTE FACE AU DÉLUGE

De cette priorité de l'apparition de la vie dans leur pays, ils donnent aussi pour preuve ce qui se passe de nos jours encore dans la province de Thébaïde où, à certains moments, il naît spontanément une telle quantité de mulots si énormes que tous les observateurs en sont frappés d'étonnement. En effet, certains de ces animaux ne sont complètement formés et capables de se mouvoir que jusqu'à la poitrine et aux pattes de devant, tandis que le reste de leur corps demeure informe, la masse boueuse conservant encore son caractère originel. 3. Cela prouve à l'évidence qu'au moment de la première formation de l'univers, grâce à la nature favorable du sol, la terre d'Égypte aurait fort bien pu être la plus propice à l'apparition de l'homme. Car de nos jours encore, la terre n'effectue nulle part ailleurs un enfantement de cette sorte, mais c'est dans cette région seulement qu'on assiste à la venue au monde si extraordinaire d'êtres vivants. 4. En somme, selon leurs dires, si, lors du déluge contemporain de Deucalion, la plus grande partie des êtres vivants fut anéantie, il est vraisemblable que ce sont les habitants de l'Égypte méridionale qui survécurent mieux que les autres, du fait de l'absence presque totale de pluie dans leur région. Si en revanche, comme certains l'affirment, la destruction des êtres vivants fut totale, et si la terre dut enfanter encore une fois de nouvelles races animales, même dans cette hypothèse on peut admettre que la genèse première des êtres vivants revient à ce pays. 5. En effet, quand l'humidité des pluies tombées ailleurs se mêla à la chaleur intense de leur climat, il est vraisemblable que l'air ambiant devint particulièrement favorable à la création originelle de tous les êtres vivants.

Bibliothèque historique, Livre I, X, 2-5

HOMÈRE
VIIIe s. av. J.-C.

VIRGILE
Ier s. av. J.-C.

CLAUDIEN
Ve s. ap. J.-C.

Jean Chrysostome

*Ici, le commentaire du texte biblique demeure attentif
à ne pas récuser son sens littéral, mais on sent comment
un souffle spirituel le traverse et le transfigure, pour donner
à cet événement une signification universelle.*

ÉVOCATION DU DÉLUGE

Le Déluge, ce naufrage commun de la terre
entière, arriva ; les cataractes du ciel s'ouvrirent ;
les abîmes s'élancèrent hors de leurs digues, tout
était eau, le monde visible était ramené à ses premiers
éléments et entrait en dissolution ; la terre ne parais-
sait nulle part, mais partout c'était une mer qui avait
pour source la colère de Dieu, partout des flots,
partout des mers ; les montagnes portent vers le Ciel
leurs cimes élevées, mais la mer les avait couvertes : il
n'y avait plus que la mer et le ciel ; le genre humain
avait péri, et il ne restait plus qu'une étincelle, de
notre race, Noé, qui comme une étincelle au milieu
de la mer, n'était pas éteint par elle, et portait avec lui
les prémices de notre espèce, sa femme et ses enfants,
puis la colombe et le corbeau, et tous les autres
animaux. Ils étaient tous dans l'arche qui, portée sur
les eaux, au milieu des flots ne faisait pas naufrage,
car elle avait pour pilote le Seigneur de toutes choses.
En effet, Noé ne dut point son salut aux planches
qui composaient l'arche, mais à la main puissante
de Dieu. Et contemplez le prodige ! Lorsque la terre
fut purifiée, lorsque les ouvriers d'iniquité eurent
disparu, lorsque la tempête eut cessé, le sommet
des montagnes apparut, l'arche s'arrêta, Noé lâcha
la colombe.

Sixième homélie sur le tremblement de terre

HOMÈRE
VIIIᵉ s. av. J.-C.

VIRGILE
Iᵉʳ s. av. J.-C.

CLAUDIEN
Vᵉ s. ap. J.-C.

Philon d'Alexandrie

La leçon de la lecture allégorique des textes sacrés, qui est libératrice, nous enseigne qu'il ne faut point chercher à tout prix à donner à ces textes une vérité historique, en s'en tenant au sens littéral. La vérité du déluge de Noé, son vrai sens, n'est pas dans sa réalité historique éventuelle. Le Déluge, en sa vérité, ne relève en rien de la géologie ou de l'histoire, c'est un événement spirituel, une catastrophe intérieure dont chaque individu peut être le sujet et le témoin.

SIGNIFICATION DU DÉLUGE

Que peut vouloir dire la phrase : « Toutes les sources des abîmes se rompirent, et les cataractes du ciel s'ouvrirent » ? (Gen. 7,11)

Le sens littéral est clair : il est dit que les extrémités de l'univers sont la terre et le ciel, réunis pour la ruine qu'entraîne la condamnation des mortels ; les eaux de l'un et de l'autre se rencontrent. Une partie a jailli de la terre vers le haut, et une partie est tombée du ciel vers le bas. Et ce qui a été dit « les sources se rompirent » est très clair ; en effet, la rupture une fois accomplie, l'élan ne connaît plus de résistance. Mais, pour le sens allégorique, voici ce qu'il faut dire : le ciel symbolise l'intellect humain, et la terre renvoie aux sens et au corps. Et c'est une grande agitation des flots qui s'installe, quand aucun de ces éléments n'est stable, mais que les deux, ensemble, combinent leurs ruses. Mais que dis-je ? Souvent, l'intellect fait preuve de fourberie et de malice, il se comporte en tout avec amertume, alors que les plaisirs du corps sont retenus et diminués ; et, souvent, il arrive le contraire : les plaisirs ont la part belle et fourmillent, se développant dans une vie confortable dans une totale abondance ; leurs ports sont les sens et le corps ; mais

31

quand l'intellect, sans s'occuper de ces choses, vit avec lui-même, les sens sont inactifs et délaissés. Mais, quand les deux éléments sont unis et que la pensée se donne à toute sorte de mal et que le corps, inondé par tous les sens, est agité par les passions jusqu'à satiété, alors c'est le déluge. Et certes c'est bien un grand déluge : les cataractes de l'intellect s'étant ouvertes par suite des perversités, des folies, des désirs insatiables, des injustices, des démences, des arrogances, des impiétés, et les sources du corps s'étant également ouvertes du fait des plaisirs, des désirs, des excès de vin, de la bonne chère, des actes d'impureté avec des parentes ou des sœurs, et du fait de passions sans remèdes.

Quaestiones in Genesim, XVIII

HOMÈRE
VIIIe s. av. J.-C.

VIRGILE
Ier s. av. J.-C.

CLAUDIEN
Ve s. ap. J.-C.

Strabon

*Il est des régions peu hospitalières imprégnées d'éma-
nations gazeuses ou bitumineuses qui en font aisément
la proie des flammes (voir Diodore de Sicile,* Bibliothèque
historique, *Livre XIXX). Tous phénomènes étranges qui,
en raison de la correspondance des lieux, sont propres à
rappeler certains châtiments bibliques – Philon d'Alexandrie
évoque une telle correspondance (*De vita Mosis, *Livre II,
§ 56) – ou à en fonder une interprétation physique. C'est
ainsi que le texte suivant mentionne la ville de Sodome.*

*Que penser de ces récits qui évoquent des villes détruites,
des ruines calcinées ?*

SODOME, NUÉE ARDENTE ?

On a constaté, du reste, beaucoup d'autres indices
de l'action du feu sur le sol de cette contrée. Aux
environs de Moasada, par exemple, on montre, en
même temps que d'âpres rochers portant encore
la trace du feu, des crevasses ou fissures, des amas de
cendres, des gouttes de poix qui suintent de la surface
polie des rochers, et jusqu'à des rivières dont les eaux
semblent bouillir et répandent au loin une odeur
méphitique, çà et là enfin des ruines d'habitations
et de villages entiers. Or, cette dernière circons-
tance permet d'ajouter foi à ce que les gens du pays
racontent de treize villes qui auraient existé autrefois
ici même autour de Sodome, leur métropole, celle-ci,
ayant seule conservé son enceinte (une enceinte de
soixante stades de circuit). À la suite de secousses
de tremblements de terre, d'éruptions de matières
ignées et d'eaux chaudes, bitumineuses et sulfureuses,
le lac aurait, paraît-il, empiété sur les terres voisines ;
les roches auraient été calcinées, et, des villes environnantes, les unes auraient été englouties, les autres

se seraient vu abandonner, tous ceux de leurs habitants qui avaient survécu s'étant enfuis au loin. Mais
Eratosthène contredit cette tradition : il prétend, lui,
qu'à l'origine, tout ce pays n'était qu'un lac immense,
qu'avec le temps seulement plus d'une issue s'était
ouverte qui n'existait pas auparavant et que le fond
de la plus grande partie du lac avait été laissé ainsi à
découvert, comme en Thessalie.

Géographie, XVI, 2, 44

UNE HUMANITÉ DÉSEMPARÉE

Une fois achevée la formation du monde, et calmés les soubressauts par lesquels elle se fraye un chemin, les catastrophes ne s'arrêtent pas. Mais la nature n'est plus seule : une humanité lui fait face.

Si toutes les catastrophes sont plus ou moins « naturelles », c'est donc à des degrés divers. Il faut se souvenir, en effet, que les Anciens, aussi bien les Grecs que les Romains, ne distinguaient pas outre mesure les catastrophes dites « naturelles », et les autres, qu'on peut rapporter à la malice ou à l'infirmité de l'homme. Bref, la notion de catastrophe naturelle – innocente, ni juste ni injuste, par opposition aux catastrophes imputées à l'homme – suppose une idée moderne de la nature. C'est donc en lui donnant un sens assez large que nous prenons la liberté de faire usage de cette expression, s'agissant de l'Antiquité grecque et romaine.

On observera simplement deux choses :

1/ Si ces catastrophes sont, en général, imputées aux dieux, le plus souvent à leur colère, rappelons que, au-delà des fantaisies de la mythologie, les dieux antiques ne font que personnifier les forces de la nature. Par suite, même si ces événements ne sont pas vraiment ressentis comme naturels, il demeure que les dieux ne traduisent au fond que la nature elle-même. On notera en particulier que le problème n'est pas – ou rarement –, comme de nos jours, de prévoir ces événements afin de s'en garder autant que possible, mais de comprendre ce que ces événements, parfois considérés eux-mêmes comme des présages, annoncent. Les événements de ce genre sont tenus pour significatifs précisément parce qu'on y voit comme des entorses à l'ordre de la nature, et qu'ils semblent en cela témoigner d'une irritation spéciale des dieux. La superstition, incapable de se représenter la nature comme une nature – c'est-à-dire comme une entité impersonnelle –, se nourrit de cette inquiétude. Les historiens, les poètes, les écrivains rapportent scrupuleusement – non sans ironie parfois –, les rites ou les expiations jugés de rigueur en pareilles circonstances. Remarquons que les catastrophes sont systématiquement rapportées, au moins mentionnées par les historiens, elles appartiennent de plein droit à l'histoire.

2/ les catastrophes naturelles les plus impressionnantes, comme les grandes épidémies, les séismes ou les tsunamis et « raz de marée », mais aussi d'autres plus discrètes, sinon moins meurtrières, comme les inondations, les sécheresses, les mauvaises récoltes, les famines, effrayent évidemment les populations. Mais un sort particulier doit donc être réservé aux tremblements de terre, puisque ceux-ci, avec les tsunamis qui leur font souvent cortège, mettent en question ce qu'on peut appeler la *fiabilité* de notre milieu vital, la stabilité du sol même qui nous soutient, le dessin même des côtes qui nous garantissent une terre habitable. Et c'est de la même façon que les épidémies, moins spectaculaires évidemment, sont tout aussi menaçantes, infiniment effrayantes, puisqu'elles mettent en question l'air même que nous respirons, autrement dit, la possibilité même de la vie.

Apparaît un sentiment qui n'a pas pour unique teneur la crainte de la mort, mais qui emporte bel et bien une angoisse d'un type nouveau, dans laquelle vient s'anéantir toute la confiance que nous pouvons accorder à ce que Husserl appelle « l'arche originaire Terre », et, plus largement, la possibilité la plus radicale de l'existence humaine. *Instabilis terra, innabilis unda.* À quoi on ajoutera *un air irrespirable (Caelum infame* dira Pétrarque à propos de la peste de 1348).

Ce ressenti, *réduit* à son noyau d'affect irréductible, est admirablement décrit et analysé par Sénèque. Il faut sans doute la tension exceptionnelle de la pensée stoïcienne, capable de prendre ses distances par rapport à presque toutes les situations, pour mesurer et faire apparaître – dans des pages saisissantes – à quel point ces catastrophes excèdent toute situation et remettent en question la donation même du monde.

HOMÈRE
VIIIe s. av. J.-C.

VIRGILE
Ier s. av. J.-C.

CLAUDIEN
Ve s. ap. J.-C.

Sénèque

Au-delà du malheur dont il est cause (Sénèque se souvient du tremblement de terre de Campanie, survenu en 62 apr. J.-C.), le désastre est l'occasion d'une réflexion plus profonde. Il s'agit de rassurer des esprits transis d'effroi. Mais la vertu solatoire de la morale stoïcienne se découvre ici bien démunie, parce que cette frayeur, naturelle, préréflexive, n'est accessible à aucune raison : c'est la fixité même, le point d'appui par excellence, la Terre qui chancelle… « le globe lui-même menace ruine » ! une peur sans possibilité de fuir est une peur exactement radicale, une peur qui ne se termine dans aucun comportement rationnel, qui s'éprouve comme émotion pure et donc envahit sans reste la totalité de l'âme, si bien qu'elle ne peut aucunement être raisonnée : « L'épouvante rend fou » ! Car ce qui la provoque est alors un événement qui envahit la totalité de la vie. Cette propriété remarquable des tremblements de terre est en cela relevée par Sénèque : ils se distinguent de toute autre catastrophe par le fait qu'ils portent atteinte à la stabilité même des choses, auxquelles nous nous opposons, sur lesquelles il nous faut comme prendre appui pour être ce que nous sommes. Les tremblements de terre mettent en question l'existence même de l'homme, quant à son appartenance à un monde. Par là, ils lui révèlent les limites essentielles de sa condition.

QUAND LE GLOBE LUI-MÊME
MENACE RUINE…

Si la seule partie de l'univers qui soit immobile et fixe, celle vers laquelle toutes choses tendent et où elles ont leur point d'appui, se met aussi à ondoyer, si la terre perd cette stabilité qui la caractérise, où nos frayeurs se calmeront-elles ? Quel abri y aura-t-il pour les créatures ? Où se réfugieront-elles dans leur émoi, si la crainte naît de ce qui est sous leurs pieds et vient des profondeurs de la terre ? Quand une maison craque et annonce sa chute, tout le monde est affolé ; chacun se précipite au dehors, abandonnant son foyer et mettant sa confiance dans le domaine public. Mais vers quel refuge, vers quel secours tournons-nous nos regards, si c'est le globe lui-même qui menace ruine ; si s'entrouvre et chancelle cette terre qui nous protège, qui nous porte, où l'homme a bâti ses villes et qui, au dire de quelques-uns, est le fondement du monde ?

Quand la peur a perdu toute possibilité de fuir, peut-il y avoir quelque chose, non pas qui vienne à ton secours, mais qui relève ton courage ? Y a-t-il, dis-je, un rempart assez solide pour protéger autrui et se protéger soi-même ? Contre un ennemi, je me défendrai par des murailles, et des forts construits sur une hauteur escarpée arrêteront, par la difficulté de leur accès, fût-ce de grandes armées. Un port nous met à l'abri de la tempête. Un toit écarte de nous la violence déchaînée des orages et les pluies qui se déversent sans fin. Un incendie ne poursuit pas les fuyards. Des tonnerres et des menaces célestes, on peut se préserver par des demeures souterraines et par des cavités creusées profondément dans la terre, car celle-ci ne se laisse pas traverser par le feu du ciel et un mince obstacle suffit à le refouler. En temps de peste, nous pouvons changer de séjour ; Bref, il n'est aucun mal auquel on ne puisse se soustraire. La foudre, d'ailleurs, n'a jamais consumé des populations entières et une atmosphère viciée a vidé les villes, mais ne les a pas fait disparaître. Au contraire, le fléau dont nous nous occupons, est de tous celui qui a la plus grande extension ; on ne peut s'y dérober ; il est insatiable et frappe tout un peuple. Il ne détruit pas seulement des maisons, des familles, des villes isolées ; ce sont des nations et des contrées entières qu'il engloutit, tantôt en les accablant sous des ruines, tantôt en les enfouissant dans un gouffre profond. Il ne laisse même pas de traces qui attestent que ce qui n'est plus a du moins été. Sur les villes les plus fameuses, le sol s'étend sans aucun vestige de son ancien aspect.

Questions naturelles, Livre VI, I, 2-7

Les grandes catastrophes font perdre la raison. Ce constat doit être pris à la lettre : dans une situation où il y va, pour l'homme, de la totalité de son être, il n'y a plus de place, en lui, pour la raison. Cet aveu donne à réfléchir, en désignant la limite d'une morale fondée sur la puissance de la raison et peut-être de toute morale. La situation de catastrophe est exactement définie par là : le rapport vital de l'homme et de son milieu se trouve renversé, toute possibilité d'adaptation est anéantie, ce n'est plus une situation.

QUAND L'ÉPOUVANTE REND FOU

Des individus ont couru çà et là en insensés et comme frappés de stupeur. C'est l'effet de l'épouvante. Modérée et personnelle, la peur jette le trouble dans l'esprit. Quand elle s'empare de toute une population, quand des villes s'écroulent, que des foules sont écrasées, que la terre tremble, faut-il s'étonner qu'elle égare des esprits ballottés sans ressource entre la douleur et la crainte. On ne garde pas facilement sa raison au milieu de grandes catastrophes. Aussi les caractères faibles tombèrent-ils en général dans une si grande frayeur qu'ils ne se possédaient plus. Il n'est personne sans doute qui n'ait perdu quelque peu de son bon sens sous l'influence d'une grande terreur ; quiconque a peur ressemble à un fou. Mais les uns sont bientôt rendus à eux-mêmes ; les autres sont bouleversés plus violemment et aboutissent à la folie. Voilà pourquoi on voit pendant une guerre des gens errer en proie à la démence. On n'a jamais plus d'exemples de prophètes qu'en un temps où la frayeur se mêle à la superstition et frappe les esprits.

Questions naturelles, Livre VI, XXIX, 1-5

II

INSTABILIS TERRA

TREMBLEMENTS DE TERRE

Les catastrophes dites *géologiques* sont celles qui relèvent de la structure même du globe, en affectent les couches plus ou moins profondes et, par leurs effets, compromettent la stabilité du sol fondateur, ou entraînent des modifications de celui-ci qui le rendent dangereux ou inhabitable. Ce sont donc principalement les tremblements de terre et les phénomènes de volcanisme (éruptions, coulées de lave, nuées ardentes, etc.) que nous avons en vue. Ces catastrophes, on l'a déjà compris, ne sont pas rares dans le bassin méditerranéen, et les peuples qui y ont fondé leur terre en ont parfaitement conscience.

Les textes qu'on va lire, choisis parmi une littérature et des témoignages plus qu'abondants, concernent plusieurs aspects ou approches de ces phénomènes, et ils en fournissent des descriptions, généralement précises et correctes, et des explications discutables, contestables et, à nos yeux, presque toujours évidemment irrecevables.

Précisons tout de même, que faute de disposer des moyens d'investigations et de mesure qui sont les nôtres, les auteurs anciens décrivent et analysent ce qu'ils voient, c'est-à-dire la face apparente des tremblements de terre, leurs effets de surface visibles ou immédiatement ressentis par les populations concernées, mais non les phénomènes souterrains qui déterminent l'étendue et l'intensité des séismes et échappent au regard : d'où, chez ces auteurs, une approche en fait très différente de la nôtre quant à l'analyse de la force, de l'intensité, de la typologie des tremblements de terre, ou de la puissance des tsunamis qui les accompagnent assez souvent. Mais on y trouve, aussi, une sensibilité à bien des détails auxquels nous sommes, nous autres, parfois inattentifs, une empathie singulière à l'égard des victimes, une réelle compréhension de leur désarroi.

N'oublions pas de remarquer, aussi, à propos de la plupart des textes suivants, que les descriptions des tremblements de terre et de leurs effets catastrophiques sont presque toujours contextualisées : ces événements n'ont pas lieu dans un espace géographique indifférencié, mais affectent des peuples qui ont une histoire, et notamment entretiennent des relations avec les autres peuples, qu'ils soient alliés ou ennemis. Ainsi, la ruine de la cité résultant d'un séisme entraîne presque toujours un affaiblissement militaire de celle-ci, affaiblissement qui peut avoir pour conséquence la défaite et l'anéantissement politique.

En quoi ces textes, qui constituent pour nous comme une mémoire de ces catastrophes, nous renvoient à des sentiments, des émotions, une humanité qui ne sauraient nous laisser indifférents, en dépit de leur éloignement.

Le lecteur pourra s'étonner que, dans un monde méditerranéen assez bien pourvu en catastrophes, la péninsule italienne semble épargnée. Précisons donc qu'il n'en est rien : les tremblements de terre n'y ont pas été moins fréquents qu'ailleurs, peut-être ont-ils été, globalement, moins meurtriers, plus souvent situés, pour les plus intenses, dans des zones montagneuses moins peuplées, plutôt que dans la région de Rome. Simplement, lorsque les historiens romains en font mention, ils s'attardent très rarement à les décrire, s'en tenant souvent à la seule dimension religieuse, et les autres auteurs se contentent en général d'allusions rapides, si bien qu'il n'y avait pas suffisamment matière, pour notre propos, à en donner des extraits, qui eussent été trop brefs, à l'exception de ceux qui concernent les phénomènes volcaniques, au contraire amplement développés.

Signalons donc, pour la région de Rome, en 192 av. J.-C. un tremblement de terre prolongé, mais peu destructeur ; en 83 av. J.-C. (Dion Cassius, I, 83) et vers 17 av. J.-C., diverses destructions notables, en Sicile et en Calabre (Phlégon de Tralles, *Peri Thaumasion*, 43). Sans oublier le tremblement de terre de Campanie, en 62.

HOMÈRE
VIII⁰ s. av. J.-C.

VIRGILE
I⁰ˢ s. av. J.-C.

CLAUDIEN
V⁰ s. ap. J.-C.

Diodore de Sicile

Le tremblement de terre de Sparte (464 av. J.-C.), un des plus graves et meurtriers de l'histoire de la Grèce est resté dans les mémoires : Thucydide (Guerre du Péloponnèse, *I. 128*) *évidemment l'évoque, mais aussi Aristophane, dans* Lysistrata *(vers 1138 et suiv.).*

Le contexte politique et la guerre entre les Cités est ici un élément majeur. Même au milieu des décombres, le bon politique, comme Archidamos, ne baisse pas la garde. La même histoire se trouve dans Plutarque (Vie de Cimon, *IV*).

PRÉSENCE D'ESPRIT DU ROI

Cette année-là, un grand malheur frappa à l'improviste les Lacédémoniens : en effet, à Sparte, de violents tremblements de terre abattirent de fond en comble les maisons et causèrent la mort de plus de 20 000 Lacédémoniens. Les secousses ébranlèrent la ville pendant longtemps et sans relâche, jetant à bas les maisons, causant la mort de nombreuses personnes, surprises par la chute des murs, et le séisme détruisit aussi quantité de biens domestiques. Les Lacédémoniens ressentirent ce fléau comme un châtiment envoyé par la divinité irritée contre eux, mais ils furent menacés par d'autres dangers venus des hommes et dont voici les causes. Les Hilotes et les Messéniens, qui étaient déjà hostiles aux Lacédémoniens, avant la catastrophe se tenaient tranquilles, redoutant la supériorité des armes de Sparte ; mais lorsqu'ils virent que le tremblement de terre avait fait périr la plupart des Spartiates, ils méprisèrent les survivants à cause de leur petit nombre. Ils conclurent donc un pacte entre eux et portèrent ensemble la guerre contre les Lacédémoniens. Le roi de Lacédémone, Archidamos, grâce à sa clairvoyance, non seulement sauvait la vie de ses concitoyens durant le séisme mais, quand il y eut la guerre, fit face courageusement aux assaillants. En effet, pendant que la ville subissait le terrible tremblement de terre, il fut le premier des Spartiates à la quitter, non sans avoir pris à la hâte toutes ses armes, il se précipita dans la campagne et donna l'ordre à ses concitoyens de l'imiter. Les Spartiates lui obéirent, et c'est de cette façon que les survivants sauvèrent leur vie, car le roi Archidamos les rangea en ordre de bataille, et il se tenait prêt à faire la guerre aux révoltés. Messéniens et Hilotes, réunis dans une seule armée, d'abord se lancèrent contre Sparte, croyant qu'ils la prendraient puisque, pensaient-ils, elle avait perdu ses défenseurs. Mais lorsqu'ils apprirent que les survivants, regroupés autour de leur roi Archidamos, étaient prêts à se battre pour leur patrie, ils renoncèrent à cette attaque.

Bibliothèque historique, Livre XI, LXIII-LXIV

HOMÈRE
VIIIe s. av. J.-C.

VIRGILE
Ier s. av. J.-C.

CLAUDIEN
Ve s. ap. J.-C.

Flavius Josèphe

Nous avons cette fois-ci un exemple où le tremblement de terre de 31 av. J.-C. joue le rôle d'un appât ou d'un piège, ourdi par Dieu : en donnant aux ennemis confiance en leur supériorité, ceux-ci tombent devant une armée mieux préparée à les recevoir.

SÉISME FATAL AUX ENNEMIS

Au début du printemps, un tremblement de terre fit périr un nombre incalculable de bestiaux et 30 000 êtres humains ; mais l'armée resta indemne, car elle bivouaquait en plein air. À ce moment, la renommée, qui dans les calamités grossit toujours le mal, poussa les Arabes à plus d'audace : s'imaginant que toute la Judée était en ruines et qu'ils n'avaient plus qu'à prendre possession d'une contrée abandonnée, ils s'y précipitèrent après avoir immolé les députés que les Juifs leur avaient envoyés. Devant cette invasion, la foule est frappée de terreur et découragée par la gravité des malheurs qui se succèdent. Hérode alors les réunit et entreprend de les exciter à repousser l'ennemi, par la harangue que voici : « La crainte qui vous affecte à cette heure me paraît tout à fait déraisonnable. Bien sûr, devant les coups du sort il serait naturel de perdre courage, mais éprouver le même sentiment devant une attaque venue des hommes ne convient qu'à des lâches. Pour ma part, je suis si loin de m'effrayer devant une invasion de l'ennemi, au lendemain du tremblement de terre, que je soupçonne là un appât dont Dieu s'est servi pour amener les Arabes sous les coups de notre vengeance. Ils sont venus en comptant beaucoup moins sur leurs armes et leurs bras que sur les calamités naturelles qui nous atteignent. Seulement, l'espoir qui s'appuie non sur la force personnelle mais sur l'infortune d'autrui est bien fallacieux. En outre, ni l'infortune ni son opposé ne sont chose constante parmi les hommes ; au contraire, on peut voir la fortune passer alternativement d'un côté à l'autre. On pourrait l'apprendre par votre propre exemple. Une chose est certaine : dans le combat précédent, alors que nous avions le dessus, les ennemis finirent par l'emporter, et maintenant, il est probable qu'ils vont être défaits alors qu'ils pensent devoir l'emporter. Car trop de confiance fait qu'on n'est plus sur ses gardes, tandis que la crainte enseigne la prévoyance. Tant et si bien que vos craintes me fournissent des raisons de me rassurer. Puisque, aussi bien lorsque vous étiez plus sûrs de vous que de raison et que vous avez foncé sur l'ennemi malgré mon avis, ce fut l'occasion du guet-apens d'Athénion ; maintenant, votre retenue et votre apparent découragement sont à mes yeux un gage certain de victoire. Toutefois, s'il faut penser ainsi durant l'attente, au moment de l'action, il faut réveiller vos courages et prouver à ces impies qu'aucune adversité, qu'elle vienne du sort ou des hommes, n'abattra jamais la vaillance des Juifs aussi longtemps qu'ils respirent, et qu'il n'en est pas un qui supporte jamais que ses biens tombent aux mains d'un Arabe que tant de fois il faillit emmener prisonnier. Ne vous laissez pas troubler par les convulsions d'éléments inanimés et ne voyez pas non plus dans le tremblement de terre le signe prémonitoire d'un nouveau malheur. »

Guerre des Juifs, I, 369-385

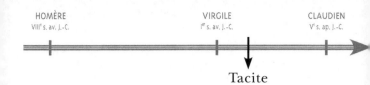

HOMÈRE
VIII° s. av. J.-C.

VIRGILE
I° s. av. J.-C.

CLAUDIEN
V° s. ap. J.-C.

Tacite

SÉRIE DE SÉISMES

47. 1. La même année[1], douze villes importantes de l'Asie furent détruites par un tremblement de terre survenu pendant la nuit, ce qui rendit la catastrophe plus inattendue et plus grave. Et l'on n'avait même pas la ressource, habituelle en pareil accident, de s'élancer dans la campagne, parce que les terres s'entrouvraient en abîmes. De grandes montagnes, dit-on, s'affaissèrent, des hauteurs apparurent dans les plaines, des feux brillèrent au milieu du bouleversement. 2. En frappant le plus durement les habitants de Sardes, le fléau attira sur eux le plus de pitié : César leur promit dix millions de sesterces et les déchargea pour cinq ans de tout ce qu'ils payaient au trésor ou au fisc. 3. Magnésie du Sipyle se classa aussitôt après pour les dommages et les secours. Temnos, Philadelphie, Égée, Apollonide, ainsi que Mostène et Hyrcanie, appelée la Macédonienne, et aussi Hiérocésarée, Myrina, Cymé, Tmole furent exemptées de tributs pour le même temps, et on décida d'envoyer un représentant du Sénat pour examiner la situation et y porter remède.

Annales, Livre II, 47

1. En 17 ap. J.-C.

HOMÈRE
VIIIe s. av. J.-C.

VIRGILE
Ier s. av. J.-C.

CLAUDIEN
Ve s. ap. J.-C.

Évagre

Ville phare de l'Asie mineure, dont la prospérité et la splendeur sont évoquées dans un célèbre discours de Libanios, Antioche – située géologiquement sur le « nœud » de la faille du Jourdain et de la faille est-anatolienne – a souvent été éprouvée, durement, par des tremblements de terre de forte intensité. Ces séismes furent particulièrement nombreux dans l'Antiquité[1].

DES DÉGÂTS CONSIDÉRABLES

Il arriva dans la seconde année du règne de l'Empereur Léon, un grand tremblement de terre à Antioche, dont l'emportement « de délire bachique accompagné de pensées bestiales » que les habitants avaient eu un peu auparavant, avait été comme le présage, ou le prélude. Il arriva cinq cent six ans depuis la fondation de cette ville, le quatorzième jour du mois Gorpie, que les Romains appellent septembre, un peu avant le dimanche, à quatre heures, en l'onzième indication. On dit que ce fut le sixième dont la ville d'Antioche fut ébranlée, et qu'il arriva trois cent quarante-sept ans après celui du règne de Trajan, que l'on met en la cent cinquante-neuvième année depuis que cette ville-là eut commencé à jouir d'une entière liberté, et ce dernier arriva, comme je viens de dire, cinq cent six ans, depuis ce même temps, selon le calcul des auteurs les plus exacts. Il renversa presque toutes

---

1. On n'évoquera ici que quelques-uns de ces séismes : celui de 458 ap. J.-C., ici décrit par Évagre et Sévère d'Antioche, et celui d'octobre 588, également décrit par Évagre. Pour le tremblement de terre de 115, on trouvera le texte de Xiphilin (résumant Ammien Marcellin) plus bas, dans le chapitre consacré aux secours. Dans les pages qui suivent, on pourra prendre connaissance du tremblement de terre de 365, dit abusivement « cosmique ».

les maisons de la Ville neuve, qui était fort peuplée, et qui avait été embellie de quantité d'ornements par la magnificence des Empereurs. Le premier et le second appartement du palais en furent conservés, avec le bain qui est proche, et qui commença alors à servir, parce qu'il était resté seul. Ce tremblement de terre abattit encore les galeries qui étaient vis-à-vis du palais, et le tétrapyle qui était derrière ces galeries, les tours qui étaient à côté des portes de l'hippodrome, et les galeries par où l'on allait à ces tours. Les maisons et les galeries de l'ancienne ville n'eurent aucun dommage : une partie des bains de Sévère, de Trajan, et d'Adrien fut renversée, avec les environs du quartier de l'ostracine, le nymphée, et les galeries. Jean Rhéteur, qui a rapporté très exactement les circonstances de ce fâcheux accident, témoigne que l'Empereur remit mille talents d'or aux habitants d'Antioche, sur les impositions qu'ils devaient, les loyers des maisons qui avaient été ruinées, et se chargea de relever à ses dépens les édifices publics.

Histoire de l'Église, II, 12

Mariage et réjouissances compromises. Cela suffit pour qu'on se souvienne de ce tremblement de terre, même si, à en croire la description donnée, ce ne fut pas l'un des pires. Ce sont les dégâts classiques d'un tremblement de terre léger : quelques maisons détruites ou fissurées, les coupoles des églises mises en péril, les tours renversées, et les toitures et parties élevées des bâtiments endommagés. Apparemment pas ou peu de victimes.

À LA TROISIÈME HEURE DE LA NUIT...

Quatre mois après qu'il [l'évêque d'Antioche, Grégoire] fut de retour, en la six cent trente-septième année de la ville d'Antioche, soixante et un ans depuis le dernier tremblement de terre dont elle avait été ébranlée, le dernier jour du mois Hyperberetée [octobre 588], dans le temps que j'épousais une jeune fille, et que toute la ville avait interrompu ses occupations ordinaires, pour faire des réjouissances publiques, à la troisième heure de la nuit, un tremblement de terre accompagné d'un bruit horrible ébranla toute la ville, renversa quantité de maisons, et ruina plusieurs parties de l'église, de sorte qu'il n'y resta d'entier que le dôme qu'Ephrem avait fait rebâtir avec des arbres tirés du bois de Daphné, parce qu'il avait été endommagé au temps de Justin. Ce dôme avait depuis été tellement ébranlé par d'autres tremblements, qu'il penchait du côté de Septentrion, et qu'on avait été obligé de l'étayer. Mais depuis encore il avait été redressé par un autre tremblement, et remis en sa place[1]. Le tremblement que je décris maintenant ruina aussi une grande partie du quartier qu'on appelle Ostracine, le Psephion dont j'ai parlé ci-devant, tous les endroits qui sont compris sous ce qu'on nomme Brysie, et tous les bâtiments qui étaient autour de l'église de la Vierge, dont il n'y eut que la galerie du milieu, qui fut conservée par un bonheur extraordinaire. Toutes les tours de la campagne furent endommagées. Le reste des bâtiments demeura entier, excepté les créneaux qui furent aussi abattus. Il y eut quelques pierres qui furent mises hors de leur place, sans être jetées à terre. Plusieurs églises, et le bain qui est divisé en divers appartements, selon chaque saison de l'année, se sentirent de ce fâcheux accident.

Histoire de l'Église, VI, 8

1. Sur ce genre de phénomène, voir plus bas.

HOMÈRE
VIIIᵉ s. av. J.-C.

VIRGILE
Iᵉʳ s. av. J.-C.

CLAUDIEN
Vᵉ s. ap. J.-C.

Sévère d'Antioche

*Ce texte est extrait de l'*Homélie *du 14 septembre 513, dans laquelle Sévère évoque le tremblement de terre du 14 septembre 458, à l'occasion de l'anniversaire de cet événement.*

Cette page est remarquable à plusieurs titres. D'abord, on trouve une description assez précise techniquement des dégâts matériels, liés aux types de secousses survenus. Mais on trouve surtout – ce qui est plus rare et s'explique par le but poursuivi d'édification morale – une description directe et sans concession des effets humains du séisme : le sort effrayant des victimes, horriblement blessées ou mutilées, emprisonnées dans les décombres, transies d'angoisse, et le drame des survivants, eux-mêmes détruits dans leur âme, désemparés ou au fond du désespoir, traînant un deuil radical, errant à la recherche des leurs.

Il est clair qu'ici, ce qui est terrifiant, ce n'est plus seulement, comme chez Sénèque, l'effroi métaphysique ou existentiel lié à la perte du sol fondateur, mais aussi avec cela la perte de toute possibilité de consolation, la détresse affective irréparable : « pas un seul lien d'affection que la mort n'ait brisé ».

COMME UN OISEAU PRIS AU PIÈGE

Car vous vous souvenez tous, ceux du moins qui sont avancés en cette vision terrible et lamentable qui fut placée alors devant les yeux de chacun, du spectacle des vieillards en même temps que des jeunes gens et des enfants et de cet âge enfantin n'ayant pas achevé son temps, qui tout à coup et en bloc furent tués ; les femmes qui furent ensevelies mourantes, alors que leurs enfants encore palpitants cherchaient sous leur mamelle à sucer le lait et à le téter, sans avoir aucune conscience de la mort suspendue au-dessus de leurs têtes. Et les hommes ! une fois que la maison écroulée les avait fait tomber à terre, ceux qui étaient à l'extérieur, pensaient qu'ils avaient échappé au danger, mais, comme des coureurs sans voir devant eux, ils retombaient sous une autre avalanche, et, malgré eux, rejoignaient cette mort qu'ils avaient fuie.

D'autres étaient demeurés sur un toit, qui peu après devait tomber, et n'avaient pu s'enfuir à cause de la vieillesse ou de quelque autre infirmité, ou bien encore recevaient la mort comme un décret de Dieu et disaient comme le prophète : *Où irai-je loin de ton esprit ? Et, loin de ton visage, où fuirai-je ?* Ils furent sauvés miraculeusement : enfermés dans un repli et placés sous une anfractuosité : on les suppliait de se montrer et de sortir : par leurs cris seulement, on savait qu'ils n'étaient pas morts.

Pour d'autres encore, alors qu'ils restaient debout et indemnes, les murs ici et là s'écroulaient, pour que l'on sache qu'il y a une parole de Dieu, pour leur passé, pour leur présent et pour leur futur : *deux moineaux sont vendus un as, mais aucun d'entre eux ne tombe sans votre Père du ciel* ; et : *les cheveux de la chevelure de notre tête* sont tous comptés, textes qui montrent les termes fixés par la Providence, l'amour souverain de Dieu et sa miséricorde envers nous. Alors on vit apparaître un homme qui avait l'épaule ou la jambe brisée, un autre dont la main était coupée, ou qui, par une grosse pierre, avait été blessé et écrasé à la joue, le visage défiguré et pitoyable : on ne savait plus qui il était et l'homme gisait à demi-mort ; et s'il avait pu recouvrer la santé, il n'avait personne pour le sauver : il était comme quelqu'un dont l'âme a disparu. Un autre qui comptait encore la plupart de ses membres, était, à côté d'une avalanche, pris par chacune des extrémités de ses membres, comme un oiseau au piège ; d'autres, par les maisons, en même temps que leurs habitants, avaient été renversés et gisaient, et il n'était pas même laissé, à l'un de ceux qui restaient, de pouvoir jeter un cri. Mais, ces (maisons) ayant été ébranlées, leurs murs écroulés et leurs toits crevés, ils étaient menacés de mort, au point que ceux qui étaient à l'intérieur se plaignaient avec gémissements et lamentations, d'être privés d'air ; et ainsi, étant pleurés par eux-mêmes, non pas avec des larmes au moment de leur ensevelissement, mais avec des larmes précédant leur tombeau, ils reçurent les pierres qui étaient suspendues au-dessus de leurs têtes et furent écrasés par les tuiles, les solives et les planches.

Cette ville fut alors désertée par ses habitants, car tous coururent vers les sommets des montagnes et les lieux de la région (les plus éloignés), et surtout vers ceux qui étaient inhabités. Car il n'y avait pas d'endroit où tu aurais eu le salut assuré, un mur ou un toit, parce que tous avaient été ébranlés et terriblement secoués. Car encore maintenant celui qui a fait trembler la terre la regarde et le spectacle de la violence n'a pas cessé ; mais le Seigneur était attentif à nos iniquités, comme le dit le prophète Jérémie : *Son visage ne se détournait pas de nos péchés*, jusqu'à ce que lui mélange la coupe de sa colère, non encore mélangée, de celle de sa charité, en se penchant d'un côté vers l'autre, afin que, *la lie de sa colère étant épuisée*, tous ne périssent pas en bloc. Alors avec violence il décida le tremblement de terre, lui qui avait jeté sur elle la *pierre d'angle*, c'est-à-dire son Verbe, celui qui à la fin des jours s'est incarné, et est devenu encore pour nous *la tête d'angle* ; et il a lié ensemble ceux de la circoncision et ceux des gentils dans une seule annonce de l'Évangile.

Mais quand le tremblement de terre eut cessé, chacun de ceux qui avaient fui reprit confiance, en posant son pied avec assurance sur la terre, pour se rendre à la ville. Mais tous étaient frappés d'épouvante et pleins d'effroi ; et quand ils marchaient, ils étaient terrifiés, à la façon de ceux qui, venant de traverser des mers étendues, sont sortis d'un navire et sont encore tremblants et timides. Mais, en parcourant les maisons, ils pleuraient inconsolables, ne supportant pas cette vision : pour l'un, c'est son père qui a disparu, pour l'autre, son frère, pour celui-ci, un fils, et celui-là se lamente sur son ami. Car il n'y a pas un seul lien d'affection que la mort n'ait brisé.

Il y eut même quelque part une mère, pleine d'affection pour ses enfants, qui avait perdu toute la lignée des siens, soudain et d'un seul coup : elle, contre tout espoir, a été sauvée : elle en vient à réaliser sa souffrance et elle est consumée par son amour. Quand en courant elle est arrivée à la maison démolie, dénouant sa chevelure et se déchirant les joues, elle gémit à haute voix, s'agenouille sur le tas de décombres effondrés, fixe comme une épée son regard éploré par les trous entre les pierres : de ses chers enfants, elle n'en aperçoit aucun ; elle se résout à les secourir, se figurait-elle, en se faisant entendre : avec peine, elle appuie son oreille (à terre), en appelant chacun de ses enfants par leur nom, avec de bruyantes lamentations, si quelque part une douce voix pouvait être entendue par eux. Car la souffrance lui a fait perdre la raison, et, ne trouvant pas de consolation, elle est tombée sans souffle, suppliant qu'avec ses enfants, elle quitte ce monde en même temps.

Homiliae Cathedrales,
Homélie **XXXI**, 119-123

HOMÈRE
VIII° s. av. J.-C.

VIRGILE
I° s. av. J.-C.

CLAUDIEN
V° s. ap. J.-C.

Ammien Marcellin

Nous trouvons ici le récit circonstancié et complet de la catastrophe. L'historien met en avant tous ces éléments qui ont alourdi le bilan, déjà élevé, des souffrances et des pertes humaines : le milieu urbain d'une des plus somptueuses villes de l'Orient, avec ses immenses maisons de pierre, aux belles toitures, mais aussi les vents déchaînés et l'incendie. Sans compter l'horreur : la mort partout, les cris des blessés, l'angoisse des survivants, bref, tout ce qui a aussi retardé et désorganisé les secours.

On notera comment le vécu de ce tremblement de terre, que ce récit – un des rares à le faire – fait remarquablement apparaître en sa violence, est celui d'une tempête. Autrement dit, lors d'un tremblement de terre, il n'y a pas que la terre qui tremble. Ici, tout est renversé de fond en comble, et d'un seul coup.

On lira, plus bas, la Monodie – ou Lamentation – écrite par Libanios sur ce tremblement de terre.

TREMBLEMENT DE TERRE
PLUS GLISSEMENT DE TERRAIN

1. Ces mêmes jours, de terribles tremblements de terre en Macédoine, en Asie et dans le Pont, ébranlèrent de leurs secousses répétées nombre de villes et les régions montagneuses. Cependant, parmi les souvenirs laissés par des malheurs qui prirent toutes les formes, les désastres subis par Nicomédie[1], métropole de la Bithynie, ont pris un relief particulier ; je vais donc raconter avec vérité et concision comment elle fut détruite 2. Dès l'apparition du jour, le 24 Août [358 ap. J.-C.], des masses compactes de nuées noircissant progressivement brouillèrent

1. Aujourd'hui Izmit.

l'aspect du ciel, qui était radieux quelques instants plus tôt ; et comme elles dérobaient l'éclat du soleil, on ne distinguait même plus les objets voisins ou rapprochés : quand les hommes furent ainsi aveuglés, des ténèbres mêlées d'un épais brouillard s'appesantirent sur la terre 3. Puis, comme si la divinité souveraine dardait ses foudres mortelles et soulevait les vents depuis les points cardinaux, s'abattit la puissance des tempêtes déchaînées : leur assaut fit gémir les montagnes sous le choc et craquer le littoral fracassé ; elles furent suivies de typhons et de trombes qui, se combinant à un terrifiant tremblement de terre, renversèrent de fond en comble la cité et les faubourgs. 4. Et comme la plupart des maisons étaient entraînées par la pente des collines, elles s'effondraient les unes sur les autres, tandis que tout retentissait du bruit énorme de leur écroulement. Cependant, les sommets des hauteurs résonnaient des appels de toute sorte que lançaient ceux qui recherchaient une femme, des enfants, tous les êtres qu'attachent des liens étroits de parenté 5. Enfin, après la seconde heure mais bien avant la troisième, le ciel désormais pur et de nouveau limpide dévoila les funestes massacres encore cachés : quelques-uns, comprimés par le poids trop lourd des décombres qui croulaient sur eux, avaient péri sous leurs masses mêmes ; certains, ensevelis jusqu'au cou par les débris, auraient pu être sauvés avec de l'aide, mais ils succombaient, faute de secours ; d'autres restaient suspendus, transpercés par la pointe des poutres qui faisaient saillie. 6. Un seul coup avait massacré une foule et là où tout à l'heure se trouvaient des hommes, on ne voyait plus alors que des monceaux de cadavres confondus. Certains, bloqués à l'intérieur des maisons par l'affaissement des toitures n'avaient pas de blessures, mais devaient mourir lentement d'angoisse et de faim. Parmi eux, Aristénétus, depuis peu vicaire du diocèse auquel Constance, en l'honneur de son épouse Eusébie, avait donné le surnom de Pietas, subit les longues tortures de ce sort malheureux avant de rendre l'âme. 7. D'autres, brutalement écrasés sous la masse, restent encore aujourd'hui ensevelis sous les mêmes décombres. Certains, la tête fracassée ou bien les bras ou les jambes mutilés, aux limites de la vie et de la mort, imploraient le secours des gens qui enduraient les mêmes maux et, malgré toutes leurs adjurations, restaient abandonnés. 8. Mais on aurait pu sauver plus de constructions officielles et particulières, et plus de vies humaines, si les flammes déchaînées des incendies, qui coururent pendant cinq jours et cinq nuits, n'avaient pas calciné tout ce qui pouvait brûler.

Histoires, Livre XVII, ch. VII, 1-8

HOMÈRE
VIII° s. av. J.-C.

VIRGILE
I° s. av. J.-C.

CLAUDIEN
V° s. ap. J.-C.

Agathias

Tous les tremblements de terre dont parle ici Agathias se situent vers le milieu du VI° siècle ap. J.-C. Ce genre de malheur – sans compter plusieurs épidémies de peste – ne manque pas, semble-t-il, sous le règne de Justinien (482-565), dont Agathias écrit l'histoire.

L'ÉGYPTE EST-ELLE SISMIQUE ?

À cette époque aussi, dans Alexandrie la Grande, qui est située près du Nil, le sol trembla, mais de manière inhabituelle : c'était une sensation de mouvement très faible et pas du tout évidente, mais pourtant réelle. 6. Tous les habitants du lieu, surtout les plus âgés, étaient très étonnés par ce phénomène, qui n'avait jamais eu lieu auparavant. Nul ne restait à l'intérieur, mais les gens se répandaient dans les rues, énormément paniqués par son caractère inattendu et extraordinaire. 7. Quant à moi (je me trouvais alors en ce lieu pour les études qui précèdent celles des lois), j'étais saisi de crainte, même lors d'une très petite secousse, en me rendant compte que leurs maisons ne sont ni solides, ni imposantes, ni à même de tenir ferme si elles sont secouées, même un court moment, car elles sont très fragiles et sans résistance (elles sont faites avec une seule épaisseur de pierre). 8. Même les gens éduqués de la ville étaient dans la crainte, non pas, je pense, à cause de ce qui venait d'avoir lieu, mais parce qu'il leur semblait vraisemblable que la même chose allait se reproduire.

Histoires. Guerres et malheurs du temps sous Justinien,
Livre II, ch. XV

*Le grand tremblement de terre, au cours duquel la basi-
lique Sainte-Sophie fut endommagée, est ordinairement daté
de 557. On remarquera un récit de la catastrophe qui en
fournit une véritable dramatisation : nous n'avons pas affaire
à un relevé des dégâts qui prendrait la forme d'un constat,
mais à une narration avec une suite d'événements s'enchaî-
nant les uns les autres, avec des acteurs en mouvement, dans
un contexte où se produisent des choses, parfois anecdotiques (le
curateur Anatolios victime de ses goûts de luxe). À cela s'ajoute
une remarquable prise en compte des effets sociaux de la catastrophe avec les désordres qu'elle occasionne. S'ajoutent encore
la neige et le froid, et voilà le tremblement de terre de Byzance !*

LE TREMBLEMENT DE TERRE DE BYZANCE

Peu de temps avant ces événements, un très violent
tremblement de terre frappa de nouveau Byzance, tel
que peu s'en fallut que la ville ne fût complètement
détruite. Il fut en effet d'une violence telle qu'on
n'en avait jamais connu de semblable auparavant, tant
par la magnitude de la secousse que par sa durée.
Le moment où il se produisit et les événements dramatiques qui suivirent le rendirent encore plus terrible.
2. Alors que se terminait l'automne de cette année
et que l'on célébrait, conformément à la coutume
des Romains, les banquets au sujet des noms, le froid
survenait déjà, semblable à celui qui sévit lorsque
le soleil s'élance vers le solstice d'hiver et approche
du capricorne ; il était particulièrement sévère dans
la huitième zone en partant du Pont-Euxin, celle qui,
je pense, est appelée ainsi par les experts dans ce
domaine. 3. Alors que, au milieu de la nuit ; les gens
de la ville dormaient et reposaient, le fléau tomba
soudain, et aussitôt tout fut ébranlé depuis les fonde-
ments. Les secousses, très violentes dès le début, ne
cessaient de croître et de se renforcer, comme si
le désastre cherchait à atteindre un sommet. 4. Tous
s'étaient réveillés et on entendait partout des cris,

des gémissements et – ce qui est habituel dans ces circonstances –, un cri spontané vers la divinité. Puis un grondement violent, énorme, tel un tonnerre sortant des entrailles de la terre, suivait cette secousse et redoublait les frayeurs. 5. L'air ambiant s'obscurcissait d'une vapeur ténébreuse se répandant de je ne sais où. Tout était enténébré et comme brumeux. Aussi la population, ayant perdu le sens sous l'effet de la panique, se précipitait hors des maisons, et aussitôt les rues et les passages étaient remplis de monde, comme si, même en se trouvant là, il n'était pas possible de périr. 6. Les constructions de la ville, en effet, sont partout accolées les unes aux autres de manière continue, et on ne trouve que très rarement des espaces de plein air dégagés et sans encombrement. Cependant, parce qu'on levait sans cesse les yeux vers le ciel et qu'on suppliait la divinité, la crainte et le trouble des âmes semblaient doucement s'apaiser. Ils étaient pourtant mouillés par un peu de neige et oppressés par le froid, mais ils n'en restaient pas moins dehors, sauf ceux qui, se réfugiant dans les enceintes sacrées, s'y prosternaient. 7. Beaucoup de femmes, non seulement des classes inférieures, mais aussi des plus élevées, se heurtaient et se mêlaient aux hommes : le rang social, la décence, la conscience des privilèges, tout ce qui en fonction de cela doit être respecté étaient alors bouleversés et foulés aux pieds. 8. Les esclaves ne faisaient plus cas de leurs maîtres, et sans écouter leurs ordres ils se rassemblaient dans les lieux sacrés, dominés par une crainte plus grande. Les inférieurs se sentaient à égalité avec les autorités, car le danger qui survenait était commun et que tous pensaient qu'ils allaient périr sous peu. 9. De nombreux édifices, cette nuit-là, s'écroulèrent, surtout à Rhégion, qui est le port de la ville, et beaucoup de choses stupéfiantes se produisirent : ici les toits, qu'ils aient été faits de pierre ou de bois, s'écartèrent les uns des autres, interrompant leur continuité et s'entrouvrant, de sorte qu'on pouvait voir à travers, comme en plein air, le ciel et les étoiles, puis de nouveau ils revinrent d'un coup à leur assemblage antérieur ; là des colonnes situées à un étage supérieur étaient projetées au loin par la violence de la secousse et entraînaient les maisons attenantes vers d'autres plus éloignées, et comme si elles étaient lancées par une fronde, elles étaient précipitées à terre et mettaient tout en pièces ; ailleurs survenaient des choses plus terribles encore. Il y en avait eu souvent auparavant et il y en aurait d'autres, tant que la terre existera et les caprices de la nature, mais alors elles étaient d'autant plus terribles qu'elles survenaient toutes ensemble. 10. Il y eut des morts en grand nombre, la plupart des inconnus ; parmi les puissants et les séna-teurs, le seul qui perdit la vie fut Anatolios, qui avait été honoré de la dignité de consul et avait reçu la charge de veiller sur les demeures et les biens de l'empe-reur et de les administrer – les Romains appellent ces gens-là des curateurs. 11. Cet Anatolios dormait dans sa chambre habituelle ; des plaques de marbre élégam-ment disposées étaient fixées à la cloison près de sa couche, telles qu'en font appliquer contre leurs murs, pour faire montre de leur luxe et de leur magnificence, ceux qui se plaisent outre mesure à des ornements superflus et inutiles. Une lourde plaque, arrachée et projetée par le séisme, tomba sur sa tête et la brisa ; il eut à peine le temps, sous le coup, de pousser un profond gémissement, et il était de nouveau étendu sur sa couche, abattu par la mort.

Histoires. Guerres et malheurs du temps sous Justinien,
Livre V, ch. III

VOLCANS

Les phénomènes volcaniques sont très présents, et actifs dans le bassin méditerranéen. On leur doit la formation, ou l'engloutissement, d'un certain nombre d'îles, mais aussi, sous des formes parfois meurtrières, quelques grandes éruptions qui marqueront l'Italie du sud et la Sicile.

Non seulement l'existence et l'activité des volcans renforcent la croyance selon laquelle se trouverait, sous nos pieds, un gigantesque feu souterrain, mais elle illustre aussi, dans le paysage méditerranéen, l'idée des anciens physiciens d'un mariage de l'eau et du feu.

À la différence des tremblements de terre, les éruptions volcaniques sont spectaculaires, mais non moins terribles et peut-être plus impressionnantes encore : au lieu de dérober aux hommes le sol sur lequel ils s'appuient, elles les privent parfois de leur air respirable, tout en crachant le feu ou les pierres. Un peu moins inattendues que les tremblements de terre, elles durent en général plus longtemps, et, à travers l'existence de volcans bien définis géographiquement, les sites volcaniques se laissent facilement individualiser. Le Vésuve et l'Etna sont ainsi des personnages à part entière du monde méditerranéen, qui introduisent de nouvelles formes dans le monde et ne provoquent qu'occasionnellement des catastrophes.

Justin

L'ETNA : UN VOLCAN
QUI SE PRÊTE AUX LÉGENDES

1. On rapporte que la Sicile était jadis rattachée à l'Italie par une étroite langue de terre et qu'elle en fut arrachée comme de son corps principal par les assauts de la mer Adriatique, qui se porte là de tout le poids de ses ondes. La terre elle-même est légère et friable, et tellement pénétrable par certaines de ses cavernes et de ses canaux qu'elle est presque entièrement exposée aux souffles des vents. De plus, la composition de son propre sol se prête bien à la production et à l'alimentation du feu. À ce que l'on rapporte, en effet, ce sol serait constitué à l'intérieur de couches de soufre et de bitume ; c'est ce qui fait que l'air lutte contre le feu à l'intérieur de la terre et que souvent le sol crache en bien des endroits tantôt des flammes, tantôt de la vapeur, tantôt de la fumée.

De là vient que l'Etna brûle depuis des siècles. Et lorsqu'un vent particulièrement violent exerce sa pression à travers les soupiraux des cavernes, des masses de sable se trouvent alors rejetées à l'extérieur. Le promontoire le plus proche s'appelle Rhégium, parce que c'est ainsi que l'on désigne en grec ce qui a été détaché violemment. Rien d'étonnant à ce que l'antiquité de ce lieu, où tant de faits admirables se sont accumulés, ait alimenté les légendes. On notera d'abord qu'il n'existe nulle part ailleurs de détroit dont les eaux soient pareillement tumultueuses, dont le courant soit non seulement rapide, mais même furieux, capable d'inspirer la terreur à ceux qui le traversent et même aux navigateurs qui l'aperçoivent de loin. En outre, la lutte entre les courants qui s'y rencontrent est telle qu'on peut les voir tantôt s'enfoncer en tourbillonnant dans les profondeurs, comme s'ils prenaient la fuite, tantôt se porter dans les airs, en vainqueurs ; tantôt on perçoit ici le mugissement des flots bouillonnants, tantôt on entend là leur gémissement lorsqu'ils s'enfoncent dans le gouffre. S'ajoutent à cela les feux tout proches et éternels de l'Etna et des îles Éoliennes, comme si l'incendie était alimenté par les ondes elles-mêmes. Un feu si abondant n'aurait pu en effet durer autrement pendant tant de siècles à l'intérieur de limites si étroites s'il n'était pas alimenté de ces ressources liquides. De là vient que les légendes ont donné naissance aux figures de Scylla et de Charybde, de là viennent les aboiements que l'on entend, de là cette apparition de monstre que les navigateurs croient avoir aperçu lorsque, effrayés par les puissants tourbillons de la mer qui s'engouffre, ils prêtent des aboiements aux flots que brise le gouffre de la houle qui les absorbe. La même cause est aussi à l'origine des feux éternels de l'Etna. En effet, cette rencontre des courants ne manque pas de piéger l'air et de l'entraîner dans les dernières profondeurs où il le maintient comprimé jusqu'au point où celui-ci se diffuse à travers les soupiraux de la terre et enflamme la matière servant de combustible au feu. Le voisinage même de l'Italie et de la Sicile, et, d'autre part, la hauteur même des promontoires, si comparable, expliquent que ces réalités ont pu inspirer aux hommes du passé autant de terreur qu'ils inspirent aujourd'hui d'étonnement dans la mesure où ceux-ci croyaient que ces promontoires se rassemblaient puis se séparaient de nouveau pour intercepter et engloutir des navires entiers. Au reste, les Anciens n'ont pas composé ces récits pour le plaisir de créer des légendes, mais ils partaient des récits empreints de crainte et d'étonnement des navigateurs. Il est vrai que la configuration géographique de cet endroit paraît telle à qui l'aperçoit de loin que l'on croit voir non pas un détroit, mais un golfe dont les promontoires, lorsqu'on y a pénétré, donnent l'impression de s'écarter et de se séparer, alors qu'ils étaient auparavant unis.

Abrégé des Histoires philippiques
de Trogue Pompée, Livre IV, ch. I

HOMÈRE
VIIIᵉ s. av. J.-C.

VIRGILE
Iᵉʳ s. av. J.-C.

CLAUDIEN
Vᵉ s. ap. J.-C.

Strabon

DESCRIPTION DE L'ETNA

Près de Centoripa se trouve l'agglomération d'Etna dont nous avons parlé tout à l'heure. C'est elle qui héberge les voyageurs désireux de gravir la montagne du volcan et qui leur fournit l'escorte nécessaire, car c'est là que commence la région du sommet. Au-dessus, les terres sont dénudées, mêlées de cendre et recouvertes de neige en hiver, tandis qu'au-dessous, les forêts voisinent avec les plantations les plus variées. Le sommet lui-même est évidemment soumis à de fréquents changements dus à l'activité inégale du feu, qui tantôt se concentre dans un seul cratère, tantôt se divise, et tantôt expulse des torrents de lave, tantôt fait monter des flammes mêlées d'une fumée noirâtre, tantôt encore projette des blocs incandescents. Ces variations entraînent non seulement des modifications concomitantes du réseau des conduits souterrains, mais aussi, parfois, tout autour du volcan, une multiplication des orifices à la surface du sol. Des voyageurs qui ont fait récemment l'ascension de l'Etna nous ont raconté qu'ils avaient trouvé au sommet un plateau uni, d'environ vingt stades de tour, circonscrit par un fort talus de cendre de la hauteur d'un mur ordinaire, au bas duquel il fallait sauter si l'on voulait ensuite s'avancer sur le plateau. Au milieu, ils avaient vu une sorte de butte cendrée de la même couleur que le plateau, surmontée d'un nuage vertical immobile – il n'y avait pas de vent ce jour-là – qui montait tout droit jusqu'à une hauteur d'environ deux cents pieds et ressemblait à une fumée. Deux d'entre eux s'étaient risqués à poursuivre leur marche sur le plateau, mais ils avaient dû revenir sur leurs pas parce que le sol devenait de plus en plus brûlant et plus profond sous leurs pieds, et ils ne pouvaient rien dire de plus que ce qu'avaient constaté eux-mêmes ceux qui observaient de plus loin. Ce qu'ils avaient vu dans ces conditions les conduisait à penser qu'il y a beaucoup de fables dans tout ce qu'on a dit de l'Etna, en particulier quand on raconte qu'Empédocle se serait jeté dans le volcan, laissant pour indice de l'événement l'une des sandales d'airain qu'il avait l'habitude de porter et qu'on aurait retrouvée non loin du rebord du cratère, comme si elle avait été rejetée là par la violence du feu. On ne peut, en effet, selon eux, s'approcher du cratère, ni le voir, et ils supposaient qu'on pouvait encore moins y jeter quoi que ce soit à cause de la poussée contraire des vents jaillis des profondeurs du volcan et de la chaleur, qui oblige vraisemblablement à s'arrêter bien avant qu'on n'en ait atteint l'orifice. Et si vraiment un objet pouvait y être lancé, il ne manquerait pas d'être détruit avant d'être rejeté tel qu'il était auparavant. Sans doute n'est-il pas impensable que les exhalaisons et les flammes s'interrompent de temps à autre, la matière à brûler venant à manquer, mais ces accalmies ne sauraient être telles qu'à des forces pareillement brutales se substituent des conditions permettant à un homme de s'approcher.

L'Etna domine le littoral surtout près du détroit et dans la région de Catane, mais aussi le long de la mer Tyrrhénienne et devant les îles Lipari. On voit, de nuit, s'échapper de son sommet des flammes éclatantes, mais de jour il est enveloppé de fumée et de brumes.

Géographie, VI, 2, 8

LES ÎLES LIPARI ET TYPHON

9. Le cap Misène est prolongé par l'île de
Prochyté, qui n'est qu'un fragment détaché de celle
de Pithécusses[1]. Quant à l'île de Pithécusses, elle a été
colonisée par des Érétriens et des Chalcidiens. Mais
bien que sa fertilité et ses mines d'or les eussent rendus
prospères, ils l'abandonnèrent d'abord à la suite de
querelles intestines, puis parce que des tremblements
de terre et des éruptions de feu mêlé d'eau de mer
et d'eaux chaudes les en chassèrent. L'île produit, en
effet, de telles émanations que de nouveaux colons
envoyés par Hiéron, le tyran de Syracuse, durent abandonner et la forteresse qu'ils y avaient construite et
l'île elle-même. Enfin des habitants de Néapolis y
débarquèrent ct en prirent possession.

Ces phénomènes sont à l'origine du mythe qui dit
que Typhon gît sous cette île et qu'à chaque fois qu'il
se retourne jaillissent des flammes, des colonnes d'eau
et parfois même de petites îles contenant de l'eau
bouillante. On accordera cependant plus de crédit
à ce qu'en a dit Pindare, parce qu'il est parti d'un
fait reconnu, à savoir que le trajet de Cumes jusqu'à
la Sicile est volcanique sur toute sa longueur et que ses
profondeurs recèlent certaines anfractuosités commu-
niquant par un conduit unique non seulement entre
elles, mais aussi avec le continent. De là proviennent
les phénomènes observés sur l'Etna, tel qu'il apparaît dans toutes les descriptions, ainsi que sur les îles
Lipari, en divers points de la région de Dicéarchia,
de Néapolis et de Baïes, enfin sur l'île de Pithécusses.
C'est donc en connaissance de cause que Pindare a pu
montrer Typhon gisant sous tous ces lieux ensemble :

Sur son torse velu, dès lors, doublement pèsent
Et le rivage altier qui oppose à la mer

---

1. Aujourd'hui Ischia.

Au-dessus de Cymé le mur de ses falaises
Et l'île de Sicile...

Timée rapporte à son tour qu'il courait chez les Anciens une foule de récits curieux sur l'île de Pithécusses. Peu de temps avant sa naissance, notamment, secouée par des tremblements de terre, la colline connue sous le nom d'Épomeus avait vomi du feu et rejeté vers le large tout le terrain qui la séparait de la mer. Simultanément, une partie des terres, réduites en cendres, avait été d'abord projetée en l'air, puis était retombée sur l'île à la manière d'un typhon, provoquant dans la mer un reflux de trois stades, bientôt suivi d'un retour en raz de marée qui avait submergé l'île et en avait éteint l'incendie, tandis que, sur le continent, le fracas faisait fuir à l'intérieur de la Campanie les habitants du littoral.

Les eaux thermales qu'on trouve dans l'île de Pithécusses guérissent de la maladie de la pierre. Quant à l'île de Capri, elle compta autrefois deux villes, puis n'en eut plus qu'une seule. Comme l'île de Pithécusses, elle fut conquise par les habitants de Néapolis. Ceux-ci perdirent ensuite Pithécusses dans une guerre, mais en recouvrèrent la propriété par don de César Auguste, qui, d'autre part, fit de Capri son bien propre et y construisit une résidence.

Telles sont les villes du littoral campanien et les îles qui leur font face.

Géographie, V, 4, 9

HOMÈRE
VIIIe s. av. J.-C.

VIRGILE
Ier s. av. J.-C.

CLAUDIEN
Ve s. ap. J.-C.

Lucilius Junior

AMPHINOME ET SON FRÈRE
SAUVÉS DES FLAMMES !

Je ne puis vous taire un fait merveilleux qui prouve que le volcan, malgré sa violence, a su respecter la vertu[1]. Jadis l'Etna, ouvrant ses abîmes, et brisant presque ses voûtes, vomit tous ses feux : un torrent de lave immense et rapide se répandait au loin. Ainsi, quand Jupiter entre en courroux, l'éclair brille au haut des airs, et le ciel azuré se couvre soudain d'épais nuages. Tout brûlait : les moissons dans les campagnes, les terres cultivées, les maisons, les forêts et les collines verdoyantes. Saisis d'effroi, les habitants de la ville voisine avaient à peine soupçonné la marche de l'ennemi que déjà il avait franchi les portes. Chacun alors s'empresse, suivant son penchant et ses forces, d'enlever et de mettre en sûreté ce qu'il possède : l'un gémit sous le poids de l'or ; l'autre, encore moins sensé, rassemble ses armes et en charge sa tête ; le voleur, dans sa marche pénible, est retardé par le poids de ses larcins ; le pauvre court sous un léger fardeau ; chacun fuit emportant ce qu'il a de plus précieux : mais il en est bien peu qui conservent à la fois leur butin et la vie. Le feu dévore les avares qu'il enveloppe de tous côtés dans leur fuite trop lente ; il atteint ceux qui se croient hors de danger et les consume avec leurs richesses : son insatiable fureur ne doit rien épargner, ou elle épargnera seulement la vertu. Voyez ces deux fils vertueux, Amphinome et son frère, s'avancer avec courage chargés d'un

---

1. Agathias, à propos du grand tremblement de terre de Byzance, fait preuve de moins de naïveté. Voir p. 64.

75

fardeau semblable : ils entendaient bruire l'incendie dans les maisons voisines, quand ils voient leur vieux père, leur vieille mère que le poids des ans tenait arrêtés sur le seuil de leur maison. Troupe avare, cessez d'enlever de riches butins ! leur père, leur mère, voilà toutes leurs richesses ! C'est le seul butin dont ils s'emparent ; et ils se hâtent de traverser la flamme qui leur promet un passage. Ô piété, de toutes les vertus la plus grande, et pour l'homme la meilleure sauvegarde ! les flammes craignent de toucher ces pieux jeunes gens ; partout où ils tournent leurs pas, elles s'écartent. Heureux jour, terre fortunée ! à droite et à gauche l'incendie porte ses ravages : les deux frères, au milieu des flammes, continuent leur marche triomphante ; leur pieux fardeau les garantit, le feu se retire et autour d'eux modère sa fureur. Enfin ils s'éloignent emportant leurs divinités protectrices, comme eux épargnées par les flammes.

Aetna, vers 598 et suiv.

HOMÈRE   VIRGILE   CLAUDIEN
VIIIe s. av. J.-C.   Ier s. av. J.-C.   Ve s. ap. J.-C.

Zonaras

Après l'Etna, le Vésuve est l'autre grand volcan de cette partie de la Méditerranée. Il lui est comparable au moins du fait de son caractère volcanique, même s'il ne donne pas lieu à la même mythologie, et même si l'Etna est en activité quasi permanente, alors que le Vésuve a de longues périodes de repos et des éruptions violentes.

La célèbre éruption du Vésuve qui a enseveli sous les matières volcaniques Herculanum et Pompéi, assurant ainsi la parfaite conservation de ces deux villes, a eu lieu le 24 août 79, si l'on en croit la datation ordinairement admise. Selon Plutarque, elle aurait été annoncée par la Sibylle[1].

Notons que l'empereur Titus se rendit en personne en Campanie pour organiser les secours et la reconstruction : « *Il offrit aux habitants de l'argent et, en particulier, les biens de ceux qui étaient morts sans héritiers. Il n'accepta personnellement aucun don ni de simple particulier ni d'une cité ou d'un roi, alors que beaucoup lui avaient fait des dons et lui en avaient promis, mais restaura la région exclusivement sur ses biens propres* » *(cf. Dion-Xiphilin, 66, 24, 3).*

LE VÉSUVE : L'ÉRUPTION DE 79

Dans la première année du règne de Titus, un grand feu se développa avec densité en Campanie, vers la fin de l'été. C'est que le Vésuve, qui se trouve près de Naples, présente d'abondantes sources de

---

1. Traité *Sur les Délais de la justice divine* : « C'était la voix de la sibylle qui, tournant dans l'orbite de la lune, annonçait l'avenir. Thespésius eût bien voulu en entendre davantage ; mais, repoussé par l'impétuosité de la lune comme par un tourbillon rapide, il ne put saisir que bien peu de chose de ses prédictions, comme celles qui regardaient l'éruption du mont Vésuve, l'embrasement de Dicéarchie, etc. »

feu. Le milieu seulement y est embrasé tandis que les parties extérieures sont sans feu. Les parties centrales étant friables et réduites en cendres, les sommets à l'entour conservent leur ancienne hauteur tandis que le centre, consumé par le feu, est devenu un creux du fait de son affaissement. La nuit, il s'en exhale des flammes, le jour, de la fumée, avec plus ou moins d'intensité. Quelquefois, la montagne rejette de la cendre, lorsqu'une masse s'affaisse, et fait jaillir des pierres lorsqu'elles sont chassées par la violence du vent. Elle émet des bruits et des mugissements du fait que ses cheminées ne sont pas resserrées mais étroites et dégagées. Tel est le Vésuve. À ce moment-là, un fracas extraordinaire se fit soudain entendre comme si des montagnes s'entrechoquaient. Tout d'abord des pierres énormes jaillirent, puis beaucoup de flammes et une fumée épaisse au point que le soleil fut caché entièrement et que l'obscurité remplaça la lumière. Et de la cendre en quantité indicible fut exhalée au point de se répandre sur toute la terre, la mer et l'air, que les poissons et les oiseaux périrent et que deux cités, Herculanum et Pompéi, alors que leurs habitants étaient au théâtre, furent ensevelies. La cendre était telle qu'il en vint une partie jusqu'en Afrique, en Syrie, en Égypte et même jusqu'à Rome. Elle y provoqua plus tard une maladie contagieuse.

Histoire Romaine de Dion Cassius,
XI, 18-19 (D.C., 66, 21-24)

HOMÈRE
VIII° s. av. J.-C.

VIRGILE
I° s. av. J.-C.

CLAUDIEN
V° s. ap. J.-C.

Pline le Jeune

Cette éruption du Vésuve est aussi responsable, entre autres victimes, de la mort de Pline l'Ancien.

Deux lettres célèbres de son neveu, Pline le jeune, à Tacite, nous donnent un témoignage précis et complet.

Voici une lettre qui raconte avec discrétion un drame à trois personnages : Pline l'Ancien, les habitants de Stabies et le Vésuve. Le savant, dont le neveu laisse entendre qu'il avait mesuré le danger, affiche une admirable sérénité afin de rassurer ses compagnons. Il nous donne ainsi à admirer une figure remarquable : celle de l'homme capable de rester lui-même face à la nature dans ce qu'elle a de plus hostile. En ce sens, plus qu'il ne cherche à rassurer, il veut donner, silencieusement, une leçon de calme, montrer – sans grandiloquence – que l'homme, en sa fragilité, est encore au-dessus des forces de la nature les plus déchaînées.

L'homme ne paraît inconscient qu'aux yeux de ceux qui n'ont pas compris cela. Et certes, si l'hommage au disparu et sa mémoire laissent être le soupçon d'embellir les choses, il reste que le récit est ce qu'il est, et les faits ce qu'ils sont.

L'ÉRUPTION DU VÉSUVE
– 1. LA MORT DE PLINE L'ANCIEN

7. En grand homme de science qu'il était, il jugea la chose importante et digne d'être examinée de plus près. Il fait appareiller un navire léger. Il m'offre, au cas où je le voudrais, la possibilité de l'accompagner ; je lui répondis que je préférais étudier, et c'était justement lui qui m'avait donné le sujet de mon travail. 8. Il sortait de la maison ; on lui remet un billet de Rectina, femme de Tascus, terrifiée par le danger qui la menaçait (sa villa était en contrebas et elle ne pouvait fuir qu'en bateau) ; elle le suppliait de l'arracher à une situation aussi critique. 9. Lui

change de plan, et, ce qu'il avait entrepris en savant, il l'accomplit en héros. Il fait mettre à la mer des quadrirèmes, monte lui-même à bord, avec l'intention de porter secours non seulement à Rectina mais à beaucoup d'autres (la population était dense, attirée par le charme de la côte). 10. Il gagne à la hâte un lieu dont les autres s'enfuient, maintient droit le cap et droit le gouvernail en direction du danger, ignorant à ce point la crainte que tous les mouvements de ce fléau, toutes ses formes, étaient consignées par écrit sous sa dictée à mesure qu'il les saisissait du regard.

11. Déjà tombait sur les bateaux de la cendre, plus chaude et plus compacte à mesure qu'ils approchaient ; déjà aussi des morceaux de pierre ponce et des cailloux noircis, brûlés et cassés par le feu. Déjà un bas-fond s'était rapidement formé et les éboulements de la montagne obstruaient le rivage.

[...]

Puis il alla dormir et dormit d'un sommeil sans doute tout à fait réel, car sa respiration, que sa corpulence rendait particulièrement grave et sonore, était entendue par ceux qui passaient devant sa porte. 14. Mais la cour qui donnait accès à son appartement, remplie de cendres et de pierre ponce mêlées, s'était à ce point rehaussée que, s'il avait attendu plus longtemps, il lui devenait impossible de sortir. On le réveille, il sort et rejoint Pomponianus et tous les autres, qui avaient veillé toute la nuit. 15. Ils délibèrent entre eux, se demandant s'ils resteraient à l'intérieur de l'habitation ou marcheraient à découvert. Car, sous l'effet de fréquentes et violentes secousses, les habitations vacillaient et, comme enlevées à leurs fondations, semblaient s'écarter, tantôt d'un côté, tantôt d'un autre, ou revenir à leur place. 16. En plein air, en revanche, on craignait la chute de morceaux de pierre ponce, il est vrai légers et calcinés. Telle fut malgré tout, après comparaison des dangers, la solution choisie. Et pour lui, ce fut certainement la victoire d'une raison sur une autre, pour les autres, celle d'une peur sur une autre. Ils mettent sur leurs têtes des oreillers, qu'ils attachent avec des linges : c'était leur moyen de se protéger contre les chutes d'objets. 17. Déjà le jour avait paru partout ailleurs ; chez eux, c'était une nuit plus noire et plus dense que toutes les nuits qu'atténuaient toute-fois de nombreuses traînées de feu et des lumières diverses. On décida de sortir sur le rivage et de voir de près si la mer permettait à ce moment de tenter quelque chose ; mais celle-ci restait encore démontée et mauvaise.

18. Là, couché sur un drap qu'on avait posé sur le sol, il réclama à plusieurs reprises de l'eau froide et en but. Bientôt des flammes et une odeur de soufre, annonciatrice des flammes, font fuir ses compagnons et le réveillent. 19. Appuyé sur deux jeunes esclaves, il se releva et retomba aussitôt, parce que – c'est la conclusion que j'en tire – une fumée trop épaisse avait coupé sa respiration et obstrué sa poitrine, qu'il avait naturellement faible, étroite, et souvent oppressée. 20. Lorsque le jour reparut (c'était le troi-sième depuis celui qu'il avait vu pour la dernière fois), on retrouva son corps intact, sans blessure et couvert des vêtements qu'il portait alors. Son appa-rence physique ressemblait plus à celle d'un homme endormi qu'à celle d'un mort.

Lettres, Livre VI, 16, à Tacite

De ce soupçon, Pline le Jeune ne fait part que très habile-ment, en suggérant la chose en ce qui le concerne, mais sans même en avoir dit un mot en ce qui concernait son oncle : « Je ne sais si je dois parler de courage ou d'inconscience. » Simple modestie. Ici, le courage est de poursuivre ses tâches habituelles, de garder son droit à la littérature, de ne pas se séparer de Tite-Live.

Les choses s'aggravant peu à peu, on appréciera la calme description d'un extraordinaire cataclysme, où la mer se retire devant le feu, où l'écrivain, fier de n'avoir laissé échapper « ni un gémissement ni une parole manquant de courage » s'apprête à affronter, avec la fin du monde, une nuit éternelle.

L'ÉRUPTION DU VÉSUVE
– 2. L'ÉVACUATION, LE SANG-FROID DE PLINE LE JEUNE

2. Après le départ de mon oncle, je consacrai la suite de la journée au travail (c'est pour cette raison que j'étais resté) ; ce furent ensuite le bain, le dîner, un sommeil agité et court. 3. Il y avait eu des signes avant-coureurs pendant un bon nombre de jours : des secousses sismiques, dont on ne s'était guère effrayé parce qu'elles sont habituelles en Campanie. Mais cette nuit-là, elles prirent bientôt une telle force que les choses donnaient l'impression non de bouger, mais de se retourner. 4. Ma mère se précipita dans ma chambre. J'étais, de mon côté, en train de me lever, avec l'intention de la réveiller au cas où elle dormirait. Nous nous assîmes dans la cour de la maison, dont la faible étendue séparait les bâtiments de la mer. 5. Je ne sais si je dois parler de courage ou d'inconscience (j'étais dans ma dix-huitième année) : je demande un volume de Tite-Live et, comme si j'en avais le loisir, je me mets à le lire et, ce que j'avais déjà commencé à faire, à en tirer des extraits. Voici que vient un ami de mon oncle, récemment arrivé d'Espagne pour le rencontrer. En nous voyant assis ma mère et moi, et, qui plus est, moi en train de lire, il nous fait de vifs reproches, à elle pour son inertie, à moi pour mon insouciance. Je ne m'applique pas moins à rester attentif à ma lecture.

6. C'était déjà la première heure du jour, et le jour était encore incertain et comme languissant. Déjà les bâtiments alentour étaient ébranlés ; aussi, dans un espace qui, tout en étant à découvert, était malgré cela étroit, avions-nous des craintes sérieuses et fondées de les voir s'écrouler. 7. C'est alors seulement que fut prise la décision de sortir de la ville. La foule suit, frappée de stupeur et préférant – attitude qui, dans la terreur, ressemble à de la sagesse – la résolution d'autrui à la sienne. Elle forme une immense colonne qui presse et bouscule notre marche. 8. Une fois sortis des espaces bâtis, nous nous arrêtons. Là mille phénomènes étranges, mille frayeurs nous assaillant. Les voitures que nous avions fait emmener, tout en étant sur un terrain parfaitement plat, étaient ballottées d'un côté et de l'autre et, même calées par des pierres, ne restaient pas à leur place. 9. Outre cela, nous voyions la mer refluer sur elle-même et comme refoulée par le tremblement de la terre. En tout cas, le rivage avait avancé et retenait sur le sable asséché nombre d'animaux marins. De l'autre côté, un nuage noir et effrayant, déchiré en tous sens par les tournoiements et les secousses d'un courant de feu, s'ouvrait en laissant échapper de longues traînées de flammes ; celles-ci ressemblaient à des éclairs tout en étant plus grandes.

10. C'est alors que l'ami venu d'Espagne nous interpella de nouveau, sur un ton plus vif et plus pressant : « Si ton frère, pour toi ton oncle, est en vie, il veut que vous soyez sains et saufs ; s'il a péri, il a voulu que vous surviviez. Qu'attendez-vous donc pour vous sauver ? » Nous répondîmes que nous ne prendrions pas le risque de songer à notre salut sans avoir de certitude sur le sien. 11. Sans tarder davantage, il s'en va précipitamment et se soustrait au danger en s'enfuyant à toutes jambes. Et peu après le nuage se met à descendre sur la terre, à couvrir la mer. Il avait enveloppé et caché Capri, il avait dérobé à

la vue le promontoire de Misène. 12. Alors ma mère
se met à me supplier, à m'exhorter, à m'ordonner
de m'enfuir par n'importe quel moyen : c'était
possible pour un jeune homme ; elle, alourdie par
son âge et sa corpulence, aurait une mort douce si
elle n'était pas la cause de ma mort. Je lui réplique
que je ne serai sauvé qu'avec elle. Puis, la prenant
par la main, je la force à presser le pas. Elle obéit à
regret et s'accuse de me retarder. 13. Déjà il y avait de
la cendre, encore éparse cependant. Je tourne la tête ;
un épais brouillard nous menaçait par-derrière et nous
suivait, se répandant sur le sol à la façon d'un torrent.
« Mettons-nous à l'écart, dis-je, tant que nous y voyons,
pour éviter d'être renversés sur la route et, dans l'obscurité, écrasés par la foule qui fuit avec nous. » 14. À
peine nous étions-nous assis que ce fut la nuit ; elle ne
ressemblait pas à une nuit sans lune et nuageuse, mais
à celle des pièces closes une fois la lumière éteinte.
On pouvait entendre les hurlements des femmes,
les pleurs des jeunes enfants, les cris des hommes ;
ils recherchaient de la voix, ils s'efforçaient de reconnaître à leur voix, les uns leurs parents, d'autres
leurs enfants, d'autres leurs conjoints. 15. Certains
s'apitoyaient sur leur propre sort, certains sur celui
de leurs proches. Il y en avait qui allaient jusqu'à
implorer la mort par crainte de la mort. Beaucoup
tendaient les mains vers les dieux ; plus nombreux
étaient ceux qui prétendaient qu'il n'existait plus de
dieux nulle part, que cette nuit serait éternelle et
la dernière du monde. Il ne manquait pas de gens
non plus pour ajouter des terreurs imaginaires et
mensongères à des dangers réels. On en trouvait
qui annonçaient qu'à Misène tel bâtiment s'était
écroulé, tel autre brûlait – nouvelles fausses, mais on
les croyait. Parut une faible clarté, dans laquelle nous
ne voyions pas la lumière du jour mais un signe de
l'approche du feu. Le feu, en tout cas, s'arrêta assez
loin ; de nouveau l'obscurité, de nouveau la cendre,

abondante et lourde. Nous nous levions sans cesse pour la secouer ; sans quoi nous aurions été recouverts et même étouffés par son poids. 17. Je pourrais me vanter de n'avoir laissé échapper, au milieu de tels dangers, ni un gémissement ni une parole manquant de courage, si la conviction que je disparaissais avec l'univers et l'univers avec moi n'avait été une consolation, déplorable et malgré tout efficace, à ma condition mortelle.

Lettres, Livre VI, 20, à Tacite

AVANT ET APRÈS :
PRÉVENIR, SECOURIR,
RECONSTRUIRE

Même si presque toujours les tremblements de terre, en tant qu'ils sont des événements extraordinaires, sont compris et interprétés, eux-mêmes, comme des prodiges (ce qui, au moins dans le monde romain, n'est pas la même chose qu'un présage) qui témoignent de la colère ou parfois de la douleur d'un dieu (lorsque, par exemple, Poséidon prend le deuil de l'empereur Julien après la bataille de Ctésiphon), et s'il appartient aux autorités augurales ou religieuses de définir les conduites à tenir en matière de sacrifices ou les choix à assumer en matière de décisions politiques, le problème de prévoir les tremblements de terre, comme les catastrophes en général, demeure entier, à supposer même qu'il soit posé. En fait, au moins dans le monde romain, on observe non seulement cette sorte d'inversion qui fait de la catastrophe un avertissement, sans que soit posé le problème même d'être averti de cette catastrophe. Ce qui est mis en avant, c'est le lien avec le politique ou l'historique : les présages funestes n'annoncent pas des catastrophes naturelles, mais presque toujours des événements politiques.

S'il arrive donc qu'on pressente, ou qu'on soit averti de telle ou telle manière, de l'imminence d'un tremblement de terre, il semble bien qu'on ne cherche jamais à le prévoir vraiment à l'avance, aux fins de s'en garder. Il y a bien de la différence entre une fuite

improvisée au dernier moment, sur la base d'un avertissement évasif, et une évacuation systématiquement
organisée. Faute de prévision scientifique, on en est
réduit à scruter les signes et à les déchiffrer tantôt en
s'appuyant sur l'expérience ou sur un savoir empirique (observation du comportement des animaux,
niveau des nappes phréatiques, etc.), tantôt en se
confiant à une inspiration relevant plus ou moins de
l'imagination.

HOMÈRE
VIIIe s. av. J.-C.

VIRGILE
Ier s. av. J.-C.

CLAUDIEN
Ve s. ap. J.-C.

Élien

CE QUE PRESSENTENT
CERTAINS ANIMAUX

Lorsqu'une famine va s'abattre sur un pays, les chiens, les bovins, les cochons, les chèvres, les serpents et d'autres animaux le pressentent, et ils sont les premiers à savoir qu'une peste va se propager ou qu'un séisme va se produire. Ils prévoient aussi le beau temps et les bonnes récoltes. Et s'ils sont dépourvus de raison, laquelle peut être aussi bien source de vie que de mort, ils ne se trompent pourtant pas sur les sujets qu'on vient de mentionner.

La personnalité des animaux, Livre VI, 16

HOMÈRE
VIIIe s. av. J.-C.

VIRGILE
Ier s. av. J.-C.

CLAUDIEN
Ve s. ap. J.-C.

Pline l'Ancien

SIGNES ANNONCIATEURS

LXXXI. (79) On prête en cette matière une divination extraordinaire et impérissable, à condition d'y ajouter foi, au physicien Anaximandre de Milet : il aurait, dit-on, averti les Lacédémoniens de veiller sur leur ville et leurs maisons – car un tremblement de terre était imminent – quand effectivement la ville tout entière s'effondra, tandis qu'une grosse saillie du mont Taygète, coupée en forme de poupe, se détachait et recouvrait ce désastre d'un nouvel éboulement[1]. On attribue encore une autre prévision, divine elle aussi, au maître de Pythagore, Phérécyde, qui aurait pressenti en tirant de l'eau d'un puits et prédit à ses concitoyens un tremblement de terre. Si ces faits sont authentiques, quelle différence peut-on bien trouver entre la divinité et de tels hommes, tant qu'ils sont vivants ? Mais si j'abandonne ces récits au jugement de chacun, je tiens pour certain que la cause du phénomène est dans les vents. En effet la terre ne tremble que quand la mer est assoupie et l'air trop tranquille pour soutenir le vol des oiseaux, sous lesquels tout souffle porteur s'est dérobé, et seulement après que des vents ont régné, sans doute parce que le souffle s'est enfermé dans les veines et les cavités secrètes de la terre. Et ainsi le tremblement n'est pas autre chose pour la terre que le tonnerre pour la nuée, ni une ouverture du sol différente d'une éruption de la foudre : le souffle emprisonné lutte et s'efforce de sortir vers la liberté.

1. En 464 av. J.-C.

LXXXII. (80) Aussi ces secousses ont-elles des formes variées et des effets surprenants, couchant ici les murailles, et les engloutissant ailleurs dans un gouffre profond, dressant là des masses solides et faisant jaillir ailleurs des rivières, parfois même des feux ou des sources chaudes, ailleurs encore détournant le cours des fleuves. D'autre part elles sont précédées et accompagnées d'un bruit effrayant, qui rappelle tantôt un grondement, tantôt des mugissements ou des cris humains ou le fracas d'armes entrechoquées, selon la nature de la matière réceptrice et la forme des cavernes ou du souterrain qu'il parcourt : étranglé dans les espaces resserrés et rauque dans les sinuosités, il fait écho contre les corps durs ; bouillonnant dans l'humidité et fructueux dans les endroits inondés, il fait rage contre des parois massives. C'est pourquoi, même sans mouvement, il y a souvent émission de bruit. Et il n'y a jamais secousse simple, mais oscillation et vibration. Quant au gouffre, tantôt il reste béant et expose les objets qu'il a avalés, tantôt il les cache, ses lèvres se ferment et le sol se reforme par-dessus sans laisser aucune trace ; souvent des villes sont ainsi dévorées et des bandes de terre englouties. Cependant les régions maritimes sont les plus sujettes aux secousses sismiques, mais les pays de montagnes ne sont pas à l'abri de ce genre de fléau ; ma propre expérience m'a appris que les Alpes et les Apennins ont maintes fois tremblé. Les tremblements de terre, comme les foudres, sont plus fréquents en automne et au printemps. Aussi la Gaule et l'Égypte n'en éprouvent-elles jamais, car le climat estival de l'une, hivernal de l'autre s'y oppose. De même ils ont plus souvent lieu de nuit que de jour. Les secousses les plus violentes sont celles du matin et celles du soir, mais elles sont fréquentes aux approches de l'aube et de jour vers midi. Il en survient aussi pendant les éclipses de soleil ou de lune, parce que les tempêtes sont alors assoupies, mais principalement quand la chaleur fait suite à des pluies ou des pluies à la chaleur.

LXXXIII. (81) les marins aussi ont un moyen infaillible de déceler les tremblements de terre, quand les flots se soulèvent tout à coup sans vent ou quand un choc secoue le bâtiment. À bord même, les montants de portes se mettent à trembler comme dans les édifices et avertissent par leurs craquements. En outre, les oiseaux se posent, pleins d'épouvante. Dans le ciel aussi il y a un signe précurseur, quand un tremblement de terre est imminent, soit de jour, soit un peu après le coucher du soleil, par beau temps : c'est une sorte de ligne mince, formée par un nuage étendu sur une grande longueur.

LXXXIV. (82) Il y a aussi l'eau des puits qui se trouble, non sans prendre une odeur nauséabonde ; d'ailleurs les puits fournissent en même temps un remède, comme le fait aussi un réseau de souterrains : car ils donnent une issue à l'air comprimé. On le remarque pour des villes entières : elles sont moins ébranlées quand elles sont creusées d'un réseau de canaux pour l'écoulement des eaux sales et les quartiers suspendus y sont aussi plus sûrs, comme on s'en rend compte à Naples, où la partie de sol plein est seule exposée à de tels accidents. Dans les maisons, les points les plus sûrs sont les voûtes, ainsi que les angles des murs et les montants des portes, où les chocs alternés s'annulent l'un l'autre. De même les murs en briques sont moins abîmés par les secousses. Il y a de grandes différences aussi dans le mode même du mouvement, puisque la terre est secouée de bien des manières : le danger est le moins grave lorsqu'elle vibre et que les édifices craquent en frémissant, ou quand elle se renfle et s'élève et puis retombe, par un mouvement alternatif ; aucun danger non plus quand les constructions se rencontrent et s'entrechoquent dans des mouvements opposés, puisqu'une poussée annule l'autre. Un roulis de vague, avec une sorte de va-et-vient fluctueux, est funeste ; de même quand la poussée se dirige tout entière dans le même sens. Cependant les tremblements cessent quand le vent s'est levé ; si au contraire ils ont persisté quand même, ils ne s'arrêtent pas avant quarante jours, souvent même davantage ; car certains se sont prolongés pendant l'espace de un et même de deux ans.

Histoire naturelle, Livre II, LXXXI-LXXXIV.

| HOMÈRE | VIRGILE | CLAUDIEN |
| VIIIe s. av. J.-C. | Ier s. av. J.-C. | Ve s. ap. J.-C. |

Agathias

DIVERSITÉ DES RÉACTIONS HUMAINES

5. l. Il y avait encore, la plupart des jours qui suivirent, des secousses sismiques, brèves et différentes de celles du début, suffisantes cependant pour semer le trouble parmi les survivants. 2. Des histoires extraordinaires et des prédictions absurdes se répandaient aussitôt, selon lesquelles le monde entier allait périr sur-le-champ. Des charlatans et des prophètes autoproclamés parcouraient la ville et rendaient les oracles qui leur plaisaient ; ils terrorisaient encore davantage la plupart des gens, facilement persuadés par la frayeur qu'ils avaient déjà éprouvée. Ces gens-là, feignant à l'occasion d'être saisis de folie et possédés, annonçaient des calamités pires, comme si des esprits qui s'étaient attachés à eux leur avaient appris l'avenir [170], et ils se vantaient de leur possession démoniaque. 3. D'autres, en faisant des calculs à partir du mouvement des astres et de leur aspect, laissaient entendre indirectement que des malheurs plus grands allaient survenir, presque une destruction totale du monde. Il est habituel, lors des catastrophes, qu'une foule de pareilles gens se manifeste toujours ; mais heureusement, l'une et l'autre prédiction étaient fausses. Il faudrait je pense que soient accusés d'impiété de tels rêveurs, qui croient en savoir davantage que le Tout-Puissant. 4. Mais il n'y avait alors personne qui ne soit terrifié et accablé. Aussi entendait-on des prières et des chants de supplication dans chaque quartier, tous se rassemblant pour cela. Ce qu'on louait toujours en paroles, mais qu'on mettait rarement en pratique, était alors accompli avec beaucoup de zèle. Tous, soudain, se montraient justes dans

leurs relations mutuelles : les gouverneurs, rejetant ce qui servait leurs intérêts, rendaient des jugements selon les lois, les autres autorités, cessant de faire du zèle, se conduisaient vertueusement et s'abstenaient de commettre de graves exactions. 5. Quelques-uns changeaient totalement de mode de vie et embrassaient une vie solitaire dans les montagnes, abandonnant les richesses, les honneurs et tout ce qui plaît aux hommes et y renonçant. Beaucoup d'offrandes étaient faites aux sanctuaires ; les plus importants personnages de la ville, parcourant de nuit les avenues, distribuaient de la nourriture en abondance et des vêtements aux indigents et aux plus misérables, aux nombreux blessés étendus sur le sol et privés du nécessaire. 6. Mais tout cela ne durait qu'un temps, tant que la peur était encore présente ; lorsque le danger commençait à diminuer et à s'éloigner, la plupart aussitôt revinrent à leur conduite habituelle. En vérité, on ne peut appeler un pareil empressement ni justice véritable ni piété ferme et active, celles qui sont imprimées dans la raison par une foi droite et un choix volontaire, mais une réaction machinale et une marchandise tout à fait trompeuse, pour échapper à la situation présente et la conjurer. Nous nous adonnons ainsi à quelque bonne action par nécessité, tant que la crainte est présente.

Histoires. Guerres et malheurs du temps sous Justinien,
Livre V, 5

HOMÈRE
VIIIe s. av. J.-C.

VIRGILE
Ier s. av. J.-C.

CLAUDIEN
Ve s. ap. J.-C.

Xiphilin

Cette page, qui décrit l'angoisse et la terrible situation des victimes, en l'attente de secours condamnés à l'inefficacité, atteint, par sa précision, un sommet dans l'horreur. Il s'agit du tremblement de terre de 115.

SURVIVRE, PORTER SECOURS

Pendant qu'il [l'empereur Trajan] visitait Antioche, un terrible tremblement de terre se produisit. De nombreuses villes souffrirent, et surtout Antioche subit un triste sort. Vu que Trajan y passait l'hiver, et que de nombreux soldats et de nombreux particuliers avaient coutume d'y affluer de toutes parts, que ce soit pour leurs affaires judiciaires, ou pour des délégations, ou pour faire des achats, ou encore simplement pour visiter, il n'y eut pas une seule nation, pas un seul peuple à avoir été épargné par le désastre : c'est ainsi qu'à Antioche, l'ensemble du monde romain se trouva déstabilisé. La foudre frappa à de nombreuses reprises, il y eut des vents inhabituels : mais jamais personne n'aurait pu s'attendre aux malheurs qui suivirent. Il y eut d'abord un brusque mugissement qui se fit entendre accompagné d'un puissant grondement et fut suivi d'une violente secousse : tout le sol se souleva et les constructions furent projetées en l'air, les unes s'écrasant après s'être ouvertes et disloquées, les autres vacillant de-ci de-là comme si elles étaient ballottées par la mer, et, le plus souvent, elles s'écroulaient sur un vaste espace. La chute de poutres brisées et déchiquetées, en même temps que des tuiles et des briques, était quelque chose d'absolument épouvantable ; et cela faisait une telle quantité de poussière que plus personne ne pouvait ni voir, ni parler, ni entendre quoi que ce soit. Beaucoup de personnes qui se trouvaient même à l'extérieur de chez elles furent blessées : projetées et secouées violemment, puis retombant comme du haut d'une falaise. Celles qui ne mouraient pas étaient estropiées. Même des arbres furent projetés en l'air, y compris avec leurs racines. Le nombre de personnes qui avaient péri, piégées dans leur maison, dépassait toute comptabilité possible. Nombreuses furent celles, en effet, qui ne survécurent pas à la chute des débris elle-même, même si la plus grande partie mourut par après, étouffée sous les décombres. Celles qui gisaient en ayant une partie de leur corps écrasée sous les pierres ou les poutres souffraient horriblement, incapables ni de vivre encore, ni de mourir aussitôt.

Cela dit, un bon nombre d'entre elles furent sauves, comme on peut le penser, avec une foule aussi dense, même si elles ne s'en sortaient pas toutes indemnes. Nombreuses sont celles qui avaient perdu les jambes ou les bras, d'autres avaient la tête fracassée, d'autres crachaient le sang, parmi lesquelles se trouvait le consul Pédon, qui mourut immédiatement. En un mot, il n'y a pas de souffrance d'une violence extrême que ces gens n'aient eu à endurer. Et comme le dieu fit trembler la terre pendant encore de nombreux jours et de nombreuses nuits, les hommes étaient désemparés et impuissants. Tantôt ils périssaient sous le poids des édifices dans les ruines desquels ils étaient ensevelis, tantôt ils mouraient de faim, lorsqu'ils avaient eu la chance de se retrouver vivants dans un espace laissé vide par les poutres tombées à terre, ou sous une voûte avec des colonnes. Le fléau s'étant calmé, quelqu'un qui avait eu le courage d'escalader les monceaux de ruines découvrit une femme encore vivante : elle n'était pas seule, mais avait avec elle un nouveau-né et ils survécurent, elle et l'enfant, en se nourrissant au lait maternel. C'est donc en creusant que l'on put la dégager avec l'enfant. À partir de là, on poursuivit les recherches en s'attaquant aux autres ruines, dans lesquelles on ne put trouver aucun survivant, si ce n'est un enfant qui tétait encore le sein de sa mère pourtant morte. En dégageant les corps des ruines, personne ne parvenait encore à se sentir heureux d'en avoir soi-même réchappé.

Voilà à quel point furent terribles les calamités qui s'emparèrent d'Antioche à ce moment. Trajan sortit de chez lui par une fenêtre : quelqu'un, d'une taille plus qu'humaine[1], était venu à son secours et l'avait conduit au dehors, si bien qu'il ne s'en était sorti qu'avec de légères blessures, et, comme les secousses avaient continué durant plusieurs jours, ils les avaient passés sur l'hippodrome, à l'air libre. Le mont Casius lui-même subit de telles secousses que l'on croyait que les roches de son sommet, qui s'inclinait, allaient se détacher et tomber sur la ville elle-même. Bien des hauteurs se dressèrent, et beaucoup de sources jusqu'alors insoupçonnées apparurent, tandis que beaucoup d'autres se tarirent.

Histoire romaine de Dion Cassius,
Épitomé du Livre LXVIII

---

1. Ce genre d'apparition est classique dans les catastrophes. C'est exactement un *prodige* qui doit être compris comme un signe ou un présage.

HOMÈRE
VIIIᵉ s. av. J.-C.

VIRGILE
Iᵉʳ s. av. J.-C.

CLAUDIEN
Vᵉ s. ap. J.-C.

Évagre

Il s'agit du tremblement de terre de 588 à Antioche.

SAUVETAGE IMPROVISÉ
ET TRISTE DÉNOMBREMENT

Un nombre presque innombrable de personnes furent écrasées, et quelques-uns qui en jugent par la quantité des vivres, que l'on consume en un an, assurent qu'il y en eut soixante mille. L'Évêque fut sauvé, contre toute sorte d'espérance, au milieu des ruines de sa maison, et il n'y eut que ceux qui étaient debout autour de lui, qui eurent part à ce bonheur. Ils le portèrent sur leurs épaules, le descendirent le long d'une corde, et le mirent hors de danger. La ville eut cet avantage, dans une si déplorable disgrâce, par un effet de la douceur, avec laquelle Dieu tempérait la rigueur de sa Justice, qu'il n'y eut aucun incendie, bien qu'il y eût du feu dans les cheminées, dans les fours, dans les forges, et dans les bains. Quelques personnes de qualité furent enveloppées dans ce malheur, et entre autres Astère. L'Empereur eut la générosité d'accorder des sommes fort considérables pour le soulagement des habitants.

Histoire de l'Église, VI, 8

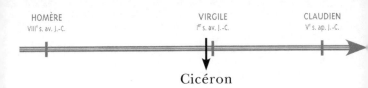

HOMÈRE
VIIIe s. av. J.-C.

VIRGILE
Ier s. av. J.-C.

CLAUDIEN
Ve s. ap. J.-C.

Cicéron

IDENTIFIER LES VICTIMES

Mais je reviens à mon sujet. Je ne vais point, comme Thémistocle dont je n'ai pas le vaste génie, préférer l'art d'oublier à celui de se souvenir, et je rends grâce au vieux Simonide de Céos qui fut, dit-on, l'inventeur de la mémoire artificielle. On raconte que, soupant un jour à Crannon, en Thessalie, chez Scopas, homme riche et noble, Simonide chanta une ode en l'honneur de son hôte, où, pour embellir sa matière à la façon des poètes, il s'était beaucoup étendu sur Castor et Pollux. Scopas, poussé par une basse avarice, dit à Simonide qu'il ne lui donnerait pour ses vers que la moitié du prix convenu et que le reste, l'auteur pouvait aller le réclamer, si bon lui semblait, à ses amis les Tyndarides qui avaient eu la moitié de l'éloge. Quelques instants après, on vint prier Simonide de sortir : deux jeunes gens se tenaient à la porte, qui demandaient avec insistance à lui parler. Il se leva, sortit et ne trouva personne. Mais dans le même moment, la salle où Scopas était à table s'écroula, et cette ruine l'écrasa, lui et ses proches[1]. Comme les parents des victimes, qui désiraient ensevelir leurs morts, ne pouvaient reconnaître les cadavres affreusement broyés, Simonide, en se rappelant la place que les convives avaient tous occupée sur les lits, permit aux familles de retrouver et d'inhumer les restes de chacun d'eux. Instruit par cet événement, il s'aperçut que l'ordre est ce qui peut le mieux guider et éclairer la mémoire. Aussi, pour exercer cette faculté du cerveau, doit-on, selon le conseil de Simonide, choisir

---

1. Voir Phèdre, *Fables Ésopiques*, 91.

en pensée des emplacements distincts, se former les images des choses qu'on veut retenir, puis ranger ces images dans les divers emplacements. Alors l'ordre des lieux conserve l'ordre des choses ; les images rappellent les choses elles-mêmes. Les lieux sont les tablettes de cire sur lesquelles on écrit ; les images sont les lettres qu'on y trace.

De l'Orateur, Livre II, LXXXVI

Polybe

Après la catastrophe, après le temps du secours apporté aux victimes et le temps du deuil, il faut reconstruire. Il y faut de l'argent et des moyens, à quoi l'autorité impériale fournit, assez souvent.

DONS APRÈS LE TREMBLEMENT DE TERRE DE RHODES[1]

Les Rhodiens, à l'époque dont nous parlons, avaient saisi l'occasion du tremblement de terre survenu chez eux quelque temps auparavant et au cours duquel le grand colosse ainsi que la plus grande partie des remparts et des arsenaux maritimes s'écroulèrent, et ils avaient exploité l'accident avec tant d'intelligence et d'habileté que la catastrophe leur causa moins de dommage que de profit. Telle est la différence qui sépare la sottise et la négligence de l'application et de la sagacité chez les hommes, tant dans la vie privée que dans l'activité publique, que même la chance n'apporte aux uns que dommage et que pour les autres même les revers deviennent cause de redressement. C'est ainsi que les Rhodiens dans leur diplomatie, en représentant l'étendue et l'horreur de leur désastre, tout en conservant, au cours de leurs députations, leur dignité et leur importance dans les audiences et dans les entretiens particuliers, amenèrent les cités et surtout les rois au point que non seulement ils reçurent des dons inouïs, mais encore que les donateurs leur en surent gré par-dessus le marché. Hiéron[2] et Gélon non seulement leur

---

1. Il est difficile de déterminer la date de cet événement. Peut-être 225 av. J.-C.
2. Voir aussi Diodore de Sicile : « Comme Rhodes avait été rasée par un grand tremblement de terre, Hiéron de Syracuse fit don, pour 1a reconstruction du rempart, de six talents d'argent

donnèrent soixante-quinze talents d'argent pour « la reconstruction des murs » et la fourniture de l'huile dans le gymnase, un acompte tout de suite et la totalité très peu de temps après, mais, de plus, ils leur offrirent des chaudrons d'argent avec leurs supports et quelques aiguières, plus dix talents pour les sacrifices et dix autres pour l'indemnisation des particuliers, de façon que le don s'élevât en tout à près de cent talents. D'autre part, ils accordèrent la franchise aux navigateurs qui viendraient chez eux et donnèrent cinquante catapultes de trois coudées. Enfin, après tant de cadeaux, comme s'ils étaient en reste de gratitude, ils élevèrent dans le bazar de Rhodes des statues représentant le peuple de Rhodes couronné par le peuple de Syracuse.

À son tour, Ptolémée leur promit trois cents talents d'argent, un million d'*artabes* de blé, du bois d'œuvre pour dix *pentères* et dix triéres, soit au moins quarante mille coudées de poutres de pin équarries, mille talents en monnaie de cuivre, trois mille talents d'étoupe, trois mille pièces de voilure, trois mille talents pour la réparation du colosse, cent charpentiers, trois cent cinquante manœuvres et quatorze talents pour le salaire annuel de ces ouvriers, plus douze mille *artabes* de blé pour les jeux et les sacrifices, et d'autre part vingt mille *artabes* pour la subsistance de dix triéres. Il donna immédiatement la plupart de ces fournitures et le tiers de l'argent. Pareillement, Antigone leur promit dix mille poutres de huit à seize coudées pour les lisses, cinq mille couples de sept coudées, trois mille talents de fer, mille talents de colophane, mille mesures de résine liquide, plus cent talents d'argent, et sa femme Chryséis cent mille médimnes de blé et trois

---

ainsi que de chaudrons d'argent de grande valeur, indépendamment de l'argent monnayé, et il accorda l'exemption des taxes portuaires aux navires transportant du grain. » (*Bibliothèque historique*, Livre XXVI, Fr. 10).

mille talents de plomb. Séleucus, le père d'Antiochus, outre la franchise douanière aux navigateurs abordant dans son royaume, outre dix *pentères* entièrement équipées et deux cent mille médimnes de blé, fournit pour des dizaines de milliers de coudées et pour des milliers de talents du bois, de la résine et du crin.

En firent autant Prusias et Mithridate, et aussi les princes régnant alors en Asie Mineure, c'est-à-dire Lysanias, Olympichos et Limnaios. Quant aux cités qui leur venaient en aide selon leurs moyens, personne ne saurait les énumérer sans peine. En sorte que, si l'on considère le délai et la date depuis laquelle leur ville est redevenue habitée, on est fort surpris qu'en un temps si court elle ait pris un grand développement à la fois pour les fortunes privées et pour les finances publiques ; mais si l'on considère sa bonne position géographique, l'apport et les compléments extérieurs de sa prospérité, on ne s'étonne plus, et l'on pense qu'elle est plutôt au-dessous de ce qu'elle doit être.

Cela soit dit, pour montrer premièrement la maîtrise des Rhodiens dans leurs affaires publiques (ils sont dignes de louange et d'émulation), secondement la ladrerie des rois de maintenant et la mesquinerie des nations et des cités, afin que les rois, pour avoir lâché quatre ou cinq talents, ne croient pas faire une grande chose et ne prétendent pas obtenir des Grecs la faveur et l'estime que possédaient les rois de jadis, et que les cités, en ayant devant les yeux la grandeur des dons d'autrefois, ne lâchent pas inconsciemment les honneurs les plus grands et les plus précieux pour des dons minimes et quelconques, mais qu'elles s'efforcent de réserver à chacun ce qu'il mérite, et c'est en cela surtout que les Grecs sont supérieurs aux autres hommes.

Histoires, Livre V, 88-90

HOMÈRE
VIII° s. av. J.-C.

VIRGILE
I° s. av. J.-C.

CLAUDIEN
V° s. ap. J.-C.

Pline l'Ancien

La reconstruction appelle aussi quelque réflexion. Si la notion de zone sismique n'est pas entièrement ignorée, elle résulte d'observations évidemment empiriques avec lesquelles rien ne peut être rigoureusement déterminé, et il n'est pas sûr que ce soit ce genre de considérations qui ait conduit, dans quelques cas, à refonder les cités détruites en d'autres lieux. L'idée de construire autrement, en observant des règles garantissant une certaine stabilité en cas de nouvelle catastrophe n'est présente que ponctuellement, mais elle est présente, par exemple au moment de la reconstruction du Temple de Diane, comme plus tard de la basilique Sainte Sophie : tous édifices prestigieux auxquels les peuples sont particulièrement attachés. Ces précautions, qu'on peut qualifier d'antisismiques, sont toujours pleines de bon sens, mais pas forcément pertinentes dans tous les cas.

Pour la reconstruction du Temple de Diane à Éphèse, après l'incendie allumé par Erostrate, les architectes eurent recours à d'autres procédés. Ils avaient imaginé, en effet, d'amortir les secousses sismiques éventuelles en construisant ce temple sur un terrain marécageux, en le faisant reposer sur une espèce de matelas fait de couches de divers matériaux, charbon et laine, propre à soutenir ses cent vingt-sept colonnes. Le problème étant que ce genre de sous-sol amplifie les secousses au lieu de les absorber – du moins selon ce qui est admis aujourd'hui. Cela dit, vaille que vaille, l'édifice s'est montré à peu près stable au cours des siècles[1]. Et l'on peut même observer que la destruction finale de cette merveille du monde ne pourra guère être imputée à un tremblement de terre[2].

---

1. En dépit d'assez forts séismes, en 47 et en 162 ap. J.-C.
2. On sait que, du moins selon la légende, ce temple fut détruit au commandement de saint Jean Chrysostome, en 401 : « Et lorsque saint Jean eut prêché dans toute l'Asie, les adorateurs des idoles le traînèrent au temple de Diane, voulant le forcer à sacrifier à

CONSTRUCTIONS ANTI-SISMIQUES ?

XXI. C'est un sujet de réelle admiration pour la splendeur du génie grec que ce temple de Diane à Ephèse que l'Asie tout entière mit cent vingt ans à construire. On l'éleva sur un terrain marécageux, afin qu'il ne pût ressentir les effets des tremblements de terre ni craindre les crevasses du sol. Mais on ne voulut pas non plus que les fondations d'une telle masse fussent logées dans un terrain glissant et peu stable, aussi étendit-on un lit fait de charbons tassés et ensuite de toisons de laine. L'ensemble du temple a une longueur de quatre cent vingt-cinq pieds, une largeur de deux cent vingt-cinq. Il comporte cent vingt-sept colonnes élevées chacune par un roi ; trente-six parmi elles furent sculptées, dont l'une par Scopas. Ce fut l'architecte Chersiphron qui présida à l'ouvrage. Le plus merveilleux de l'affaire est qu'il ait pu faire hisser la masse énorme de l'architrave. Il obtint ce résultat en faisant entasser des paniers pleins de sable, de façon qu'au-dessus des sommets des colonnes courût un plan incliné de pente légère, puis, en faisant vider peu à peu les paniers situés le plus bas. De la sorte, par une progression insensible, l'ouvrage se mit en place. La plus grande difficulté qu'il rencontra concerne le linteau même qu'il voulait faire reposer sur la porte. La masse en était, en effet, très grande et ne reposait pas sur son

---

cette déesse. Alors le saint leur offrit cette alternative : il leur dit que si, en invoquant Diane, ils parvenaient à renverser l'église du Christ, il sacrifierait à Diane, mais que si, au contraire, c'était lui qui, en invoquant le Christ, détruisait le temple de Diane, ils auraient à croire au Christ. La plus grande partie du peuple ayant consenti à cette épreuve, Jean fit sortir du temple tous ceux qui s'y trouvaient ; puis il pria, et le temple s'écroula, et la statue de Diane fut réduite en miettes. » Jacques de Voragine, *La Légende dorée*, ch. XL (traduction T. Wysewa).

assise. L'ingénieur désespéré pensa à se suicider. Selon la tradition, alors que, fatigué et occupé par ces pensées, il prenait un repos nocturne, la déesse à qui était destiné le temple se présenta à lui et l'exhorta à vivre : elle avait mis la pierre en place. C'est en effet ce qu'on put voir le lendemain. Il semblait que le propre poids du bloc lui eût fait prendre la bonne place. Pour les autres ornements de ce monument, il faudrait plusieurs livres pour les décrire et ils ne visent en rien à prendre la nature pour modèle.

Histoire naturelle, Livre XXXVI, XXI.

HOMÈRE
VIIIe s. av. J.-C.

VIRGILE
Ier s. av. J.-C.

CLAUDIEN
Ve s. ap. J.-C.

Agathias

À l'époque Séleucie du Méandre, Tralles fut complètement détruite par un tremblement de terre en 27 av. J.-C.

TRALLES RECONSTRUITE

La ville de Tralles, située dans la région appelée aujourd'hui l'Asie, près du fleuve Méandre, qui fut autrefois une colonie des Pélasges, subit un tremblement de terre au temps de César Auguste ; elle fut toute entière jetée bas, et rien n'y avait été sauvé. Alors que la ville était dans cette situation misérable, on raconte qu'un paysan, un laboureur appelé Chaeremon, fut si profondément touché par ce désastre que, ne pouvant le supporter, il accomplit une action vraiment admirable et incroyable. Sans trembler devant la longueur du chemin et l'importance de l'ambassade, ni devant les très grands dangers qu'il allait vraisemblablement affronter, et pour un résultat incertain, ni parce qu'il laissait seuls ceux de sa maison, ni pour quelque autre de ces raisons que les hommes, après réflexion, avancent, il alla dans le pays des Cantabriques, qui se trouve près des rivages de l'Océan (César s'y trouvait à ce moment, pour combattre un des peuples de la région). Il annonça ce qui était arrivé et provoqua à ce point la pitié de l'empereur que celui-ci choisit aussitôt sept anciens consuls, parmi les plus nobles et les plus distingués, pour les envoyer de Rome, avec leur entourage, vers cette colonie ; ceux-ci, arrivés au plus vite sur les lieux, ayant distribué de l'argent en abondance et exercé une surveillance attentive, reconstruisirent la cité et lui donnèrent l'aspect qu'elle a conservé jusqu'à ce jour. Maintenant donc, les habitants de l'endroit ne peuvent plus être légitimement appelés Pélasges, mais plutôt Romains, même s'ils ont changé de langue pour adopter le grec, et le plus attique ; comment ne l'auraient-ils pas fait, eux qui habitent près de l'Ionie ? Que cela soit arrivé ainsi, l'histoire traditionnelle de la ville le rapporte, mais aussi cette épigramme, que j'ai lue moi-même lorsque j'y suis allé. Dans un des champs proches de la ville là d'où partit Chaeremon (le nom de ce champ est Sidèrous) se trouve un socle très ancien, sur lequel autrefois, à ce qu'il semble, se dressait la statue de Chaeremon, mais maintenant on n'en voit plus trace.

Histoires. Guerres et malheurs du temps sous Justinien,
Livre II, 17

Dans le cas de Sainte-Sophie, la restauration a bénéficié du talent et de l'expérience d'un architecte génial, Anthémios, et de son élève Isidore. Ayant repéré, au moment du séisme, les parties fragiles de l'édifice, qui avaient souffert, et celles qui avaient tenu bon, ils surent renforcer celles-là et améliorer celles-ci, faire un édifice aux angles mieux soutenus, avec une coupole redessinée et mieux équilibrée – la coupole étant, en général, un des éléments architecturaux les plus menacés en cas de tremblement de terre.

LA RESTAURATION DE SAINTE-SOPHIE

Cet hiver-là, alors que la ville se trouvait dans cette situation, il semblait à tous que le sol tremblait plusieurs fois par jour, et cela alors qu'il ne bougeait pas et restait immobile : ce qu'on avait éprouvé était encore présent dans les âmes, et la crainte continuait de troubler la raison. L'empereur s'efforçait de faire restaurer un grand nombre de bâtiments dégradés et endommagés, quelques-uns même effondrés, mais il se préoccupait avant tout du très grand temple de Dieu. Celui-ci, qui avait été auparavant incendié par la populace, il l'avait rebâti à partir de ses fonda-tions avec une grande et admirable magnificence, en ayant augmenté la beauté par l'ampleur de ses dimensions, la majesté de ses proportions, la variété de ses matériaux. Il avait utilisé pour la construction la brique et le marbre, liés par des armatures de fer, avec le moins de bois possible, pour qu'il ne prenne plus feu aussi facilement. C'est cet Anthémios dont nous avons parlé il y a peu qui en avait été l'architecte et l'auteur. L'empereur fit alors restaurer la partie centrale et la plus élevée de la toiture, qui avait été entièrement jetée à terre par suite du séisme, et il la fit élever plus solide et à une plus grande hauteur. Comme Anthémios était mort depuis longtemps, c'est Isidore le Jeune et d'autres architectes qui, après avoir examiné entre eux le plan primitif et comparé les parties qui avaient résisté et celles qui avaient subi des dommages, comment elles étaient à l'origine et quels étaient leurs défauts laissèrent à leur place l'arche de l'est et celle de l'ouest, mais allongèrent à l'intérieur la construction qui est au-dessus de la courbure des arcs du nord et du sud et la firent légèrement plus large, de sorte que les arches s'accordent de manière parfaitement équilibrée et constituent un ensemble carré. De cette manière, ils ont pu délimiter cet immense espace et dissimuler la petite extension résultant d'un plan rectangulaire. De même, ils ont établi à nouveau sur les arches la coupole centrale qui les surmontait, l'hémisphère ou quel que soit le nom qu'ils lui ont donné. 5. Il en résulta que cette coupole est plus élevée, d'une courbure harmonieuse et régulière, mais plus étroite, plus bombée et de tous côtés de contour égal : elle ne frappe plus autant d'admiration ceux qui la regardent, comme autrefois, mais elle est beaucoup plus solide.

Histoires. Guerres et malheurs du temps sous Justinien,
Livre V, 9

ET DU CÔTÉ DES DIEUX ?

Comme la plupart des catastrophes, les tremblements de terre apparaissent comme des prodiges,
c'est-à-dire comme des événements extraordinaires,
qui troublent l'ordre de la nature. Il est donc légitime
de les imputer aux dieux, puisque ceux-ci ne sont, au
fond, que le nom ou la personnification des forces
de la nature. Un prodige (qui n'est pas forcément
un présage) signifie donc, en général, que quelque
chose ne va pas avec les dieux. Et il ne s'agit pas
nécessairement de leur colère, comme on le voit
lorsqu'ils sont accablés de tristesse par la mort de
l'empereur Julien : « Julien l'apostat » pour les chrétiens, cet empereur qui avait abjuré le christianisme
et s'était consacré à la défense du polythéisme et
du paganisme, comme de toute la culture grecque
en péril), ce qui appelle des rites de reconciliation
(expiations ou sacrifices).

HOMÈRE
VIIIᵉ s. av. J.-C.

VIRGILE
Iᵉʳ s. av. J.-C.

CLAUDIEN
Vᵉ s. ap. J.-C.

Aulu-Gelle

*Il reste que la religiosité propre à la superstition est chose
compliquée : les hommes, aussi scrupuleux soient-ils, sont
toujours à la merci d'une méprise dont les conséquences
peuvent être dramatiques, par exemple sacrifier à Neptune
alors que le coupable se trouve être un autre dieu, en
l'occurrence celui des vents.*

QUAND ON NE SAIT PLUS
À QUEL DIEU SE VOUER

Quelle peut être la cause pour laquelle les tremblements de terre se produisent ? Non seulement
ce n'est pas établi dans l'opinion et le sentiment
communs des hommes, mais même les doctrines
physiques hésitent, se demandant s'ils proviennent
de la violence de vents pénétrant dans les creux et
les fentes de la terre, ou des poussées et des courants
d'eaux bouillonnant en dessous dans les cavités,
comme les Grecs jadis paraissent l'avoir pensé, qui
appelèrent Neptune l'ébranleur de la terre, ou pour
une autre cause, ou en raison de la force et puissance d'un autre dieu, on n'a pas encore là-dessus
de théorie assurée.

C'est pourquoi les anciens Romains, très scrupuleux et prudents dans toutes les obligations humaines,
mais surtout pour établir les prescriptions religieuses
et vénérer les dieux, quand ils avaient senti la terre
trembler ou que cela avait été annoncé, ordonnaient
par édit des fêtes en raison de ce phénomène, mais,
contrairement à la coutume, s'abstenaient de fixer et
d'édicter le nom du dieu pour, lequel il fallait célé-
brer la fête, de peur de lier le peuple par un contrat
religieux erroné, en prononçant un nom au lieu d'un
autre.

Si quelqu'un avait souillé ces fêtes, et qu'il était besoin pour cela d'un sacrifice expiatoire, ils immolaient la victime « au dieu ou à la déesse » ; et cet usage avait été établi par un décret des pontifes, à ce que dit Varron, parce qu'on ne savait pas quelle force et lequel des dieux ou des déesses faisait trembler la terre.

Nuits attiques, II, XXVIII

HOMÈRE
VIIIe s. av. J.-C.

VIRGILE
Ier s. av. J.-C.

CLAUDIEN
Ve s. ap. J.-C.

Tertullien

*Autre façon d'imputer les catastrophes aux dieux :
les imputer aux chrétiens eux-mêmes, qui déstabilisent le culte
des dieux traditionnels, et appellent ainsi leur vengeance.
C'est en opposant la permanence des catastrophes naturelles et
l'historicité du christianisme que Tertullien met les chrétiens
hors de cause. On sait que l'historien Orose, deux siècles plus
tard, visera au même but et exploitera le même argument.*

« LES CHRÉTIENS AU LION »

Ils regardent les chrétiens comme la cause de tous
les désastres publics, de tous les malheurs nationaux.
Le Tibre a-t-il débordé dans la ville, le Nil n'a-t-il pas
débordé dans les campagnes, le ciel est-il resté immobile, la terre a-t-elle tremblé, la famine ou la peste se
sont-elles déclarées, aussitôt on crie : « Les chrétiens
au lion ! » Eh quoi ! tant d'hommes à un seul lion ?

Je vous le demande : avant Tibère, c'est-à-dire
avant l'avènement du Christ, combien de calamités
ne désolèrent pas la terre et les cités ! Nous avons
lu que les îles d'Hiéra, et d'Anaphé, et de Délos,
et de Rhodes, et de Cos s'abîmèrent dans les flots
avec des milliers de personnes ! Platon raconte aussi
qu'une terre plus vaste que l'Asie ou que l'Afrique fut
engloutie par l'océan Atlantique. Un tremblement de
terre mit aussi à sec le golfe de Corinthe et la violence
des flots détacha la Lucanie de l'Italie et la mit à part
sous le nom de Sicile. Assurément, tout cela n'a pu se
produire sans dommage pour les habitants. Mais où
étaient, je ne dirai pas les chrétiens, ces contempteurs
de vos dieux, mais vos dieux eux-mêmes, au temps
où le Déluge détruisit la terre entière, ou seulement,
comme l'a cru Platon, les plaines ?

Ils sont, en effet, postérieurs à ce Déluge : c'est ce qu'attestent les villes mêmes où ils sont nés et où ils ont demeuré, qu'ils ont même fondées ; car ces villes ne subsisteraient point aujourd'hui, si elles n'étaient pas, elles aussi, postérieures à cette catastrophe. La Palestine n'avait pas encore reçu l'essaim des Juifs venant d'Égypte et le peuple d'où est sortie la secte chrétienne ne s'était pas encore établi dans ce pays, lorsqu'une pluie de feu consuma les contrées voisines, celle de Sodome et de Gomorrhe. Le sol y exhale encore une odeur de feu et les rares fruits qu'y portent les arbres n'existent que pour les yeux ; car, au moindre contact, ils tombent en cendres. D'autre part, ni l'Étrurie, ni la Campanie ne se plaignaient encore des chrétiens, lorsque la ville de Vulsinies fut détruite par le feu du ciel et Pompéi par celui de sa propre montagne. Personne n'adorait encore à Rome le vrai Dieu, lorsque Annibal, à la bataille de Cannes, mesurait au boisseau les anneaux romains, grâce aux massacres qu'il avait faits. Tous vos dieux étaient adorés par tous, lorsque les Sénonais occupèrent le Capitole lui-même.

Apologétique, XL, 2-8

HOMÈRE
VIIIᵉ s. av. J.-C.

VIRGILE
Iᵉʳ s. av. J.-C.

CLAUDIEN
Vᵉ s. ap. J.-C.

Jean Chrysostome

Si la religion chrétienne, à coup sûr, libère de la superstition, les chrétiens ne restent pas indifférents aux tremblements de terre, qui sont encore, en un sens, attribués à Dieu, et même à sa colère, selon une tradition biblique bien attestée. Mais ces événements sont surtout une remarquable occasion de discours édifiants, dont le fond, gravement, dans la lignée de Sénèque, est l'appel à une prise conscience, par l'homme, de la précarité de son être et de la relativité de toutes choses, appel doublé d'une incitation, adressée au pécheur, à se souvenir de sa condition. À ce titre, les tremblements de terre deviendront très vite un thème rhétorique.

DIES IRAE, DIES ILLA…

Et si nous réfléchissons à ce jour formidable, dans lequel il ne sera plus question d'un instant, mais de siècles sans fin, de fleuves de feu, de colères menaçantes, de puissances traînant au jugement, d'un tribunal terrible et d'un juge incorruptible, lorsque les actions de chacun se présenteront devant ses yeux, et qu'il n'y aura personne pour lui prêter secours, ni voisin, ni avocat, ni parent, ni frère, ni père, ni mère, ni hôte, ni personne, que ferons-nous alors, dites-le moi ? J'excite la crainte afin de procurer le salut ; j'ai rendu mon enseignement plus incisif que le glaive, afin que ceux de vous qui seraient atteints d'un ulcère s'en débarrassent. Ne vous ai-je pas toujours dit, et maintenant je vous le dis encore, et je ne cesserai de vous le dire, jusques à quand serez-vous donc cloués aux choses de la vie présente ? Je le dis à tous, il est vrai, mais spécialement à ceux qui sont atteints de cette maladie, et qui ne font pas attention à ce que je dis. Ou plutôt mes paroles sont utiles aux uns et aux autres ; à celui qui est malade, afin qu'il recouvre la santé ; à celui qui est en bonne santé, pour qu'il ne tombe pas malade. Jusques à quand les biens de ce monde ? jusques à quand les richesses ? jusques à quand la magnificence des édifices ? jusques à quand la frénésie pour les voluptés brutales ? Voici qu'un tremblement de terre est arrivé : à quoi ont servi les richesses ? les uns et les autres ont perdu le fruit de leur travail, l'argent a péri avec son possesseur, la maison avec celui qui l'avait fait bâtir ; la ville est devenue pour tous un tombeau commun, tombeau bien rapidement construit, non par la main des artistes, mais par une affreuse calamité. Où sont donc les richesses ? où est la cupidité ? Ne voyez-vous pas que tout cela est plus vil que la toile de l'araignée ?

Sixième homélie sur le Tremblement de terre

HOMÈRE
VIIIe s. av. J.-C.

VIRGILE
Ier s. av. J.-C.

CLAUDIEN
Ve s. ap. J.-C.

Libanios

Cette Monodie – que nous donnons ici en entier, traduite en français pour la première fois –, écrite après le tremblement de terre qui détruisit Nicomédie le 24 août 358, est remarquable à plus d'un titre. Par Monodie, il faut entendre Lamentation, mais celle-ci est d'un genre nouveau. On ne s'attardera pas au talent littéraire, immense, du grand rhéteur qui sait donner à l'émotion la plus vive la forme d'expression à la fois la plus puissante et la plus classique : dans ce discours, les larmes, les cris, les gémissements, bref la douleur, deviennent des mots et des phrases, donc des pensées, ce qui est déjà une façon de surmonter l'horreur de l'événement, par une transfiguration esthétique de l'émotion. Il y a dans ces pages très dures comme une réappropriation du malheur. La destruction de Nicomédie est décrite comme une perte. Admirablement, Libanios ne dit pratiquement rien du tremblement de terre lui-même, il ne dit presque rien en tout cas de ce qui fut visible : les victimes affreusement mutilées, emprisonnées, les amas de ruines, bref, la catastrophe. Au contraire, au lieu d'un tableau des ruines, il nous présente une description nostalgique de la plus belle cité d'Asie, et il ne cesse de rendre présents ces monuments, ces rues, ces paysages dont tous, les habitants comme les voyageurs, parlaient, et que tous aimaient. D'une telle beauté, décrite et vantée sans retenue, Libanios fait argument pour adresser une remontrance aux dieux, responsables de ce malheur : non seulement la catastrophe était évitable, mais il fallait l'éviter. Dans ces pages, la révolte se transforme en refus, et l'absence de la cité désormais détruite laisse place à une image que nous pouvons au moins honorer de notre souvenir.

AURONS-NOUS ASSEZ DE LARMES
POUR PLEURER TANT DE BEAUTÉ ?

Homère ne supportait pas de voir mourir un arbre sans avoir pitié ; au contraire, comme s'il était lui-même le jardinier, il était accablé de douleur, et, quand il voyait l'arbre étendu à terre, il chantait une sorte de thrène sur le rejeton. Et moi, cette ville de Nicomédie, dans laquelle j'ai progressé dans une éloquence que je possédais déjà, mais où j'ai acquis une réputation que je n'avais pas déjà, je devrai, dans un instant, pleurer ses cendres en silence ? Tel est le lot que je partage avec la foule, mais que je dois aussi partager avec les orateurs que cette ville a chéris. 2. Quoi qu'il en soit, si j'étais flûtiste, et si j'avais remporté ici de nombreuses victoires en jouant de la flûte, j'aurais accompli le thrène en laissant venir les autres pour qu'ils puissent entonner les chants de lamentation. Qu'il me soit permis de m'adresser aux dieux comme s'ils étaient présents et de prendre, dans mon discours, la mesure du malheur survenu.

3. Lorsque, Ô Poséidon, siégeant dans le palais de Jupiter, avec les autres dieux, tu te mis en colère à propos du mur que les Grecs avaient construit à Troie pour mettre à l'abri leurs vaisseaux, n'était-ce pas leur négligence à l'égard des dieux qui fut le principal motif de ton mécontentement, lorsqu'ils construisirent les fondations ? Par la suite, lorsque Troie fut prise, tu as eu raison de penser qu'il fallait détruire ce mur : ce que tu fis aisément en ordonnant aux fleuves qui descendaient du mont Ida de se jeter contre lui. 4. Mais lors de la fondation de cette ville-ci, quelle était l'offense qui t'a poussé à la traiter de cette manière ? Son premier fondateur n'a-t-il pas, en formant le dessein de construire une ville en un autre lieu, sur la rive opposée à celle où elle se tient actuellement, ou plutôt où elle se tint un jour, commencé

son travail de ta part ? les autels n'étaient-ils pas couverts de victimes, et entourés d'une foule de fidèles ? Mais tu as détourné leur attention vers la montagne, avec un aigle et un dragon. Le premier avec ses serres arracha la tête de la victime hors du feu, et l'autre, gigantesque, sortit de terre, semblable à ceux qu'on élève aux Indes : l'un fendant les flots et l'autre les airs, ils se retirèrent vers le sommet de la colline. Le peuple suivit, guidé, à ce qu'il croyait, sous la conduite des dieux. 5. Ces présages furent tous très trompeurs. La ville fut d'abord submergée par le torrent de la guerre. Il en fut ainsi. Ta propre Corinthe, également, et la terre de Cécrops, ta préférée, a connu le même sort. Vint un autre fondateur qui fit des dieux ses principaux guides, et, grâce à des offrandes surpassant celles de Crésus, profitant de votre bienveillance, il restaura la ville. Comment alors, en raison de l'offense d'Œnus, comme le pays d'Étolie, en vint-elle à mériter le châtiment ? 6. Est-il pensable que les dieux détruisent de leurs propres mains des ouvrages comme ceux-là, auxquels ils ont coopéré avec les mortels, et se comportent comme les enfants qui ont l'habitude de renverser ce qu'ils ont érigé ? Ou bien t'est-il arrivé, Ô Poséidon, d'entrer en conflit avec les tiens pour une ville de l'Attique qui n'a pas encore atteint toute sa puissance, et de submerger une citadelle si éloignée de la mer, sans avoir le moindre regard pour une cité aussi grande et importante, et de la renverser jusqu'à ses fondations ?

7. Quelle ville était plus belle ? Je ne dirai pas plus grande, car si elle était dépassée en taille par quatre cités, elle renonça à s'agrandir de peur d'abuser des jambes de ses citoyens. En ce qui concerne la beauté, si elle laissa derrière elle quelques cités, mais fut égalée par d'autres, en tout cas, elle ne fut jamais dépassée : car, en étendant ses promontoires en avant, elle prit la mer dans ses bras. Elle s'éleva sur la colline avec deux portiques dédoublés s'étendant

sur toute la longueur. Ses bâtiments publics étaient splendides, les bâtiments privés attenants, s'élevant depuis les parties basses jusqu'au sommet de la cita-delle, comme les branches d'un cyprès, une maison sur l'autre, arrosés par des cascades d'eau courante et entourés de jardins. 8. J'ai vu ses salles de réunion, ses écoles d'éloquence, la multitude de ses temples, la magnificence de ses bains, les commodités de son port, mais je ne saurais les décrire. Tout ce que je peux dire, c'est que, faisant souvent par là le voyage de Nicée, nous avons l'habitude sur le chemin de parler des arbres, et de la terre, fertile en toutes sortes de productions, et aussi de nos familiers, de nos amis, et de l'ancienne sagesse. Mais, une fois traversées les ondulations entremêlées des collines, à la distance de cent cinquante stades, au moment où la ville apparaît, brillant de tous ses feux, s'instaure immédiatement un profond silence sur tous les autres sujets, et l'on ne va pas plus loin. 9. Que l'on parle des imposantes branches des jardins, ou de la terre débordante de fruits, ou du trafic maritime, toute notre conversation tourne sur Nicomédie. Et pour-tant les marins, les rameurs, et ceux qui prennent au piège les poissons avec leurs filets, ou des hameçons, attirent naturellement le regard des voyageurs, mais l'aspect de la ville, plus que fascinante, en sa beauté, s'impose au regard et retient toute leur attention. Ce sont les mêmes sensations qu'éprouve celui qui ne l'a jamais vue auparavant et de celui qui a vieilli dans ses murs. 10. L'un montre à son compagnon le palais, étincelant au-dessus de la baie, un autre le théâtre qui embellit toute la cité ; d'autres monu-ments rayonnent chacun à sa façon, de toutes parts, éclatant de splendeur : il est difficile de trouver celui qui l'emporte. Plongés dans la vénération, comme devant une image sacrée, nous avancions. Tant et si bien que lorsqu'il fallut tourner vers Chalcedonia, et que le tracé de la route nous priva de cette vue, ce fut comme la fin d'une fête.

11. Une ville aussi grande, aussi renommée, n'était-elle pas digne que toute l'assemblée des dieux l'entoure et la protège de ses soins ? n'exhorte-t-elle pas chacun des dieux à décréter qu'elle ne devrait jamais être sujette à aucune calamité ? Mais en fait, plusieurs d'entre vous nous ont abusés, les autres ont fait défaut, et aucun ne lui a apporté son aide. Et toutes ces beautés que j'ai décrites, jadis existaient. Maintenant, elles ne sont plus.

12. Ô divinité ! Quel sanctuaire a donc été arraché au monde civilisé ? Comme tu as aveuglé l'autre continent en le privant de son œil le plus prestigieux ! Quelle laideur effrayante as-tu répandue sur l'Asie : comme si son rejeton le plus beau en avait été retranché, comme si ses plus remarquables capacités lui avaient été retirées ! Ô le plus injuste des tremblements de terre, pourquoi as-tu fait cela ? Ô cité disparue ! Ô nom qui subsiste en vain ! Ô douleur répandue sur terre et sur mer ! Ô renommée, détresse des cœurs de toute condition et de tous âges ! 13. Quel cœur fait de pierre, quel cœur taillé dans le diamant sera assez dur pour ne pas être meurtri par ce récit ? Qui est à ce point maître de ses larmes pour ne pas y succomber dès maintenant ? Ô désastreuse infortune, qui a réduit les innombrables ornements de la cité en un tas de ruines ! Ô malencontreux rayon qui a projeté la ville en l'air en se levant, et l'a fait retomber en se couchant !

14. Le jour avait à peine avancé jusqu'à midi : les divinités tutélaires de la cité quittèrent les temples, et notre cité fut abandonnée comme un bateau déserté par son équipage. Le seigneur au trident secoua la terre et agita l'océan ; les fondations de la ville se disjoignirent ; les murs furent projetés sur les murs, les colonnes sur les colonnes, et les plafonds tombèrent tout au long. Ce qui était caché fut révélé,

et ce qui se montrait fut recouvert. Les statues, d'une parfaite beauté, et intactes en toutes leurs parties, furent mises en morceaux sous le choc et tombèrent en une masse informe. 15. Les artisans, travaillant à leurs commerces, furent jetés à terre dans leurs échoppes et dans leurs maisons. Sur le port, il y eut de nombreux tués, parmi lesquels de nombreux notables réunis par le préfet. Le théâtre entraîna dans ses ruines tout ce qui se trouvait à l'intérieur. Quelques constructions, qui étaient restées chancelantes, et d'autres qui avaient échappé jusque-là, avec tout ce qui s'y trouvait, partagèrent finalement le sort général. La mer, violemment agitée, se déversa sur le pays. Et le feu, qui avait pris un peu partout, s'empara des toitures et ajouta l'incendie aux secousses sismiques. Et le vent, dit-on, attisa les flammes. Maintenant, une grande partie de la ville, une grande partie des collines tient encore. De ceux qui ont échappé, un petit nombre erre encore à la recherche des blessés.

16. Ô Soleil qui voit tout, quels étaient tes sentiments en voyant cela ? Pourquoi n'as-tu pas préservé une telle cité de se voir disparaître du monde ? Ainsi lorsque tes bœufs furent profanés par les marins affamés, alors ton ressentiment fut assez vif pour menacer les puissances célestes de tout détruire et de te donner à Pluton ; mais maintenant, pour la gloire de la terre, pour l'œuvre de tant de rois, pour le fruit d'une dépense prodigieuse, détruite dans l'espace d'une journée, tu n'éprouves aucune compassion.

17. Ô la plus fière des cités, sur quelle colline sans foi et obstinée as-tu résolu de te tenir ? Comme un cheval vicieux, elle a désarçonné son beau cavalier ! où sont désormais tes rues sinueuses ? Où sont tes portiques ? Où sont tes allées, tes fontaines, tes places, tes bibliothèques, tes temples ? Où est passée cette profusion de richesses ? Où sont les jeunes, les vieux ? Où sont les bains des Grâces et des Nymphes ? le plus vaste d'entre eux, nommé du nom du prince, et

réalisé à ses frais, valait à lui seul l'ensemble de la ville. Où est désormais le Sénat ? Où est le peuple ? Où sont les femmes ? les enfants ? Où est le Palais ? Où est le stade, plus solide que les murs de Babylone ? 18. Plus rien ne se tient encore debout, rien n'a échappé ; tout a été emporté dans une même ruine. Ô nombreux cours d'eau, où coulez-vous désormais ? Quelles demeures arrosez-vous ? De quelles sources surgissez-vous ? les divers aqueducs et réservoirs sont détruits. Le magnifique réseau d'alimentation des fontaines court à sa ruine, formant des tourbillons, ou croupissant en flaques ; mais sans plus personne pour y puiser ou y boire, ni homme ni oiseau. Ils sont épouvantés par le feu qui fait rage partout en dessous, et qui, là où il y a du vent, flambe à l'air libre. Cette cité, jadis si peuplée, est aujourd'hui déserte et désolée le jour, habitée d'une multitude de fantômes la nuit, au point que je crois qu'il doit y avoir foule chez les habitants de l'enfer, une fois passé l'Achéron.

19. Les désastres de Lemnos furent célébrés par les Anciens, et l'Iliade chante les malheurs de Troie. Leur mémoire s'envolera, mais l'excès de nos malheurs, n'importe qui pourra le faire connaître. Les précédents tremblements de terre, même s'ils détruisirent plusieurs parties de la cité, ont épargné les autres ; mais celui-ci a dépassé tous les précédents. D'autres villes aussi ont péri, mais jamais aucune ville de cette importance. Si elle avait été seulement privée des corps atteints par la peste, ou de ceux qui, contrairement aux lois, avaient célébré un sacrifice général sans la participation de la cité, mais ne l'avaient pas elle-même fait tomber, le choc aurait été supportable. La ville entière n'aurait pas été désolée : maintenant les deux gisent étendues, et la forme de la cité se confond avec le massacre de ses citoyens. 20. Ainsi, chaque île, chaque continent, paysans, marins, cités, villages, maisons, tout ce qui a quelque chose à voir avec la nature humaine se lamente, et les larmes

coulent dans le monde entier, comme en Égypte à chaque fois que meurt Apis. Même les pierres devraient maintenant se laisser aller aux larmes, et les oiseaux auraient raison de se joindre aux chants plaintifs.

21. Ô port, que les bateaux évitent désormais soigneusement, préférant être ballottés sur l'océan, les câbles enroulés, alors qu'il était jadis rempli de vaisseaux débordants de cargaison ! Mais maintenant on ne peut même plus y trouver un bateau de plaisance, et il est plus redouté des marins que la demeure de Scylla ! Ô déception des voyageurs qui n'empruntent plus cette route, qui, en forme de croissant, faisait si magnifiquement le tour du port et de ses jetées, mais on ne navigue plus en direction de la montagne, vers laquelle auparavant les navires s'empressaient : ils contournent cette voie, tremblant comme devant Charybde, et ils sont dans l'incapacité de conjecturer sur quelle partie de la mer ils avaient l'habitude de mouiller !

22. Ô la plus chère des cités ! tu as entraîné tes habitants dans ton malheur ; tu les as détruits par ta chute, si bien que toute l'humanité s'applique aux supplications, croyant que l'extinction de toute la race est décrétée. Après la perte d'une possession d'une aussi grande valeur, plus rien après cela, appréhendent-ils, ne sera épargné.

23. Qui me donnera des ailes pour me mettre à l'abri, là-bas ? Qui m'installera en hauteur afin de contempler le désastreux combat ? Pour un amant, il y a quelque consolation à être entouré des objets de son affection, même en ruines.

Discours LXI, Monodie sur Nicomédie

CLASSER, EXPLIQUER

La plupart des auteurs qui ont parlé des tremblements de terre représentent des champs très
différents : ce sont principalement des historiens,
des philosophes, des géographes ou des physiciens,
sans oublier les poètes ou les rhéteurs. Il en résulte
qu'aucune typologie n'est vraiment fixée, chacun
s'en tenant à sa façon d'observer et surtout aux seuls
phénomènes ou événements dont il a eu connaissance, directement ou non.

Si tous sont d'accord pour admettre qu'il y a
plusieurs sortes de tremblements de terre (ce qui est
déjà un acquis scientifique non négligeable), ils sont
loin de se rejoindre sur la définition de ces catégories.

Celles-ci se définissent d'une part par la nature
des secousses, leur ampleur ou leur direction, et
d'autre part par la nature des dégâts (leur type et
leur importance). Il faut évoquer en particulier,
dans les descriptions, ces tremblements de terre qui
remettent en place, si l'on peut dire, ce qu'ils ont
déplacé, avec des secousses inverses et symétriques.
Façon un peu étrange, mais en fait très analytique,
de distinguer les moments d'une oscillation.

Notons aussi la référence, assez générale, aux
bruits et grondements qui accompagnent les séismes,
et donnent lieu également à une analyse le plus
souvent assez fine. Mentionnons aussi, évidemment,
la référence aux souffles souterrains supposés, ou aux
vents de surface ressentis. Les tremblements de terre
ne sont, semble-t-il, jamais classés en fonction de leur

intensité qui n'est jamais non plus mesurée de façon autre que descriptive, en l'absence de tout critère.

Ces classifications sont propres à chaque auteur, mais surdéterminées par référence à la théorie explicative, ou aux hypothèses auxquelles il adhère.

HOMÈRE
VIIIe s. av. J.-C.

VIRGILE
Ier s. av. J.-C.

CLAUDIEN
Ve s. ap. J.-C.

Aristote

Les théories explicatives, plutôt que des théories scientifiques, sont des hypothèses, visant, selon la méthode aristotélicienne, à rendre compte des effets.

En dehors des théories des anciens physiciens, et principalement d'Anaxagore, d'une part, et de la théorie épicurienne d'autre part, la théorie aristotélicienne est la seule à présenter des hypothèses cohérentes, plus ou moins conformes à l'expérience. C'est la théorie qui se maintiendra pratiquement jusqu'au XVIIIe siècle, fondée sur l'hypothèse de vents souterrains qui, en cas d'agitation ou de tempêtes, soulèvent le sol par endroits.

Aristote a développé cette théorie de façon précise dans les Météorologiques, *puisque les tremblements de terre sont des phénomènes qui relèvent de cette discipline, qui s'intéresse à l'environnement terrestre immédiat. Sénèque et Pline l'Ancien l'ont reprise et complétée ou amendée, en l'enrichissant par de nouvelles descriptions et analyses. Par des discussions aussi.*

OPINIONS DES ANCIENS PHYSICIENS

Anaxagore de Clazomène et avant lui Anaximène de Milet ont exposé leur opinion, et après eux Démocrite d'Abdère. Anaxagore, donc, déclare que l'éther a une propension naturelle vers le haut, et que, s'il tombe dans les profondeurs creuses de la terre, il la remue. Car les couches supérieures du sol sont détrempées par les pluies (bien que la nature de la terre entière soit également spongieuse), ce qui suppose qu'il existe un haut et un bas de l'ensemble de la sphère terrestre, et que le haut est la partie sur laquelle nous nous trouvons habiter et le bas le reste. Contre cette explication il n'y a sans doute rien à dire, car elle est par trop simpliste. En effet, croire

129

que le haut et le bas sont disposés de telle façon que n'intervient pas la notion suivant laquelle partout les corps pesants sont portés vers la terre, et les corps légers et le feu vers le haut, c'est pure niaiserie, et cela alors que nous voyons l'horizon de la terre habitée, aussi loin que nous la connaissions, se modifier sans cesse à mesure que nous avançons, ce qui indique que la Terre est convexe et sphérique.

[…]

Démocrite, lui, affirme que la terre est pleine d'eau et que, quand elle en reçoit une quantité supplémentaire par la pluie, elle en est remuée. Cette masse d'eau, devenue trop importante, du fait que les cavités de la terre ne peuvent la contenir, s'ouvre violemment un chemin et produit le tremblement de terre. Et d'autre part, lorsque la terre est desséchée et attire le trop-plein d'un endroit dans les cavités vides, la chute des eaux qui changent de place ébranle la terre.

Quant à Anaximène, il prétend que la terre imbibée d'eau se brise en se desséchant, et que c'est l'écroulement des pans brisés qui la fait trembler. C'est pourquoi, d'après lui, les tremblements de terre se produisent dans les périodes de sécheresse ou à l'inverse au cours des pluies excessives. Car durant la sécheresse, la terre, suivant l'expression citée, se brise en se desséchant, et quand elle est trop imprégnée d'eau, elle s'éboule. Mais il faudrait, si les choses se passaient ainsi, que l'on vît la terre s'affaisser en une multitude d'endroits. Et de plus, pour quelle raison ce phénomène se produit-il souvent dans des régions qui ne présentent pas d'excès d'humidité ou de sécheresse par rapport aux autres ? Il le faudrait pourtant. D'une manière générale, il conviendrait dans cette hypothèse d'ajouter que les tremblements de terre devraient devenir de moins en moins nombreux et finir par cesser à un moment donné. Car ce qui se tasse aboutit naturellement à un tel résultat. En conséquence, si c'est impossible, il est clair que l'explication présentée est impossible elle aussi à admettre !

Météorologiques, II, 7

EXPOSÉ THÉORIQUE

Mais puisqu'il est évident qu'une exhalaison doit nécessairement se produire à la fois à partir de l'humide et à partir du sec, comme nous l'avons dit précédemment, il est nécessaire dans ces conditions que les tremblements de terre aient lieu. En effet, la terre par elle-même est sèche. Mais par suite des pluies, elle emmagasine beaucoup d'humidité, si bien que, lorsqu'elle est échauffée par le Soleil et par le feu qui est en elle, il se forme beaucoup de fluide gazeux à l'extérieur de la terre et beaucoup à l'intérieur. Et ce fluide gazeux s'écoule tantôt entièrement à l'extérieur d'une façon continue, tantôt entièrement à l'intérieur du sol, parfois enfin il se répartit entre les deux.

Si donc il n'est pas possible qu'il en soit autrement, le problème qui se pose après cela est de savoir quel pourrait être le corps le plus apte à déclencher le mouvement. Il est nécessaire qu'un tel corps soit celui qui par sa nature va le plus loin et a le plus de force. Ce qui a le plus de force est nécessairement ce qui est animé du mouvement le plus rapide. Car c'est celui dont le choc est le plus violent en raison de la vitesse. Or ce qui va naturellement le plus loin est ce qui est le plus apte à passer au travers de tout : tel est justement le corps le plus léger. En conséquence, si la nature du gaz remplit ces conditions, c'est lui qui est de tous les corps le moteur le plus efficace. En effet, le feu, quand il est accompagné de fluide gazeux, devient une flamme et se meut rapidement.

Ce n'est donc pas l'eau ni la terre qui peuvent être cause des mouvements sismiques, mais le gaz, lorsque le fluide qui s'exhale vers l'extérieur se trouve refluer à l'intérieur de la terre. Voilà pourquoi la plupart des tremblements de terre, et les plus violents, se produisent en l'absence de vent. Car l'exhalaison, qui se forme d'une façon continue, suit dans la plupart des cas l'impulsion que lui donne son principe, si bien qu'elle s'élance toute à la fois soit vers l'intérieur de la terre, soit vers l'extérieur. Le fait que certains séismes se produisent quand il y a du vent n'a rien d'anormal. Car nous voyons parfois plusieurs vents souffler en même temps : lorsque l'un des deux s'élance dans la terre, le tremblement de terre se produira bien qu'il y ait du vent. Mais ces séismes sont de faible intensité, parce que ce qui constitue leur principe et leur cause est divisé.

Météorologiques, II, 8

HOMÈRE
VIIIe s. av. J.-C.

VIRGILE
Ier s. av. J.-C.

CLAUDIEN
Ve s. ap. J.-C.

Agathias

Anthémios, le génial architecte de Sainte-Sophie (voir plus haut), apparaît ici comme un expérimentateur remarquable. Le dispositif qu'il imagine pour effrayer son voisin n'est rien d'autre en effet qu'une modélisation de la théorie aristotélicienne des tremblements de terre qui fonctionne parfaitement. Il produit en quelque sorte un tremblement de terre expérimental. Certes, comme l'explique Agathias, cela ne prouve rigoureusement rien, mais cela montre, en tout cas, que l'on savait parfaitement maîtriser l'énergie de la vapeur dans l'Antiquité : c'est donc pour d'autres raisons que l'on n'a pas tenté d'exploiter industriellement cette force, ni fabriqué de machines à vapeur.

L'EXPÉRIENCE D'ANTHÉMIOS

Un homme de Byzance, du nom de Zénon, inscrit dans la liste des rhéteurs, par ailleurs illustre et très connu de l'empereur, habitait à côté d'Anthémios : leurs deux maisons étaient mitoyennes et occupaient le même espace. Avec le temps une querelle surgit entre eux et une mésentente, ou bien par suite de quelque indiscrétion jusqu'alors inhabituelle, ou bien parce qu'une nouvelle construction d'une hauteur excessive enlevait de la lumière, ou pour un autre motif, de ceux qui, en grand nombre, provoquent nécessairement des conflits entre gens qui habitent tout près les uns des autres. Anthémios, donc, vaincu alors par l'éloquence de son adversaire, qui était avocat, n'était pas capable de s'opposer de la même façon à l'habileté de sa plaidoirie, mais il lui rendit la monnaie de sa pièce, au moyen de son propre métier, de la façon suivante. Zénon possédait une pièce située à l'étage, très spacieuse, magnifiquement et somptueusement décorée, dans laquelle il avait coutume de séjourner

la plupart du temps et de banqueter avec ses amis
les plus intimes. De celle-ci le sol se trouvait au-dessus
d'une partie de la maison d'Anthémios : ce qui les séparait était pour l'un le plafond, pour l'autre le plancher.
Anthémios, ayant rempli d'eau de grands chaudrons,
les disposa à quelque distance les uns des autres dans
plusieurs endroits de sa maison. Il installa par-dessus
des tuyaux de cuir, assez larges du bas pour coiffer
tout le rebord des chaudrons, resserrés ensuite comme
une trompette et se terminant de la même façon. Il
fixa aux poutres et aux planches leurs extrémités et
les ajusta soigneusement, de manière à ce que l'air
qu'elles contenaient ait libre accès vers le haut à travers
l'espace vide et touche directement le plafond, mais
que, emprisonné par le cuir, il ne puisse s'échapper
à l'extérieur. Après avoir préparé cela en secret, il
allumait un grand feu sous les chaudrons : dès que
l'eau se réchauffait et se mettait à bouillir, une grande
vapeur s'élevait, épaisse et dense. N'ayant aucune issue
pour s'échapper, elle montait le long des tuyaux et,
comprimée par leur étroitesse, elle était projetée vers
le haut avec plus de force, jusqu'à ce que, se heurtant au plafond, elle le secoue tout entier et l'agite
continuellement, assez pour faire trembler doucement et grincer les lattes du plancher. Zénon et ses
compagnons étaient épouvantés et pris de panique :
ils se précipitaient dans la rue, appelant au secours et
criant, terrifiés par cet événement effrayant. Zénon, se
rendant au palais impérial, demandait à ses connaissances ce qu'ils pensaient du séisme et s'il leur avait
causé du dommage. Comme ceux-ci lui disaient :
« Allons donc », « mon cher », « tais-toi », « jamais de
la vie », et de surcroît se fâchaient contre lui parce
qu'il racontait des histoires invraisemblables sur de
pareils sujets, funestes et détestables, il ne savait
plus que penser : il ne pouvait douter, en ayant fait
l'expérience, de la réalité de ce qui venait de se passer,
et il avait honte de devoir soutenir son point de vue

contre des gens importants et qui lui en faisaient des reproches.

Ceux qui expliquent la genèse des séismes par les exhalaisons et les souffles fuligineux se servaient beaucoup de cette histoire. Ils disaient : l'ingénieur, parce qu'il a reconnu la cause qui provoque le mouvement de la terre, a réalisé un effet semblable et imité artificiellement la nature. Il y avait quelque chose de vrai dans ce qu'ils disaient, pas autant pourtant qu'ils le croyaient. Pour moi, de tels arguments, bien qu'ils soient imaginés avec beaucoup de finesse, ne sont pas des preuves de ce qui se passe en réalité. Ce n'est pas en effet parce que ces petits chiens de Malte, lorsqu'ils sautent sur les toits, les font trembler et vibrer, alors que leur pas est très léger, qu'on peut dire qu'il s'agit d'un fait semblable et s'en servir comme d'un exemple probant.

Histoires. Guerres et malheurs du temps sous Justinien,
Livre V, 6-8

III

INNABILIS UNDA

RAZ DE MARÉE ET TSUNAMIS

Les raz de marée ou les tsunamis, accompagnent souvent les tremblements de terre ou leur sont liés (comme, du reste, les Anciens l'avaient constaté) : si l'usage courant ne distingue pas vraiment ces deux termes, nous avons tout de même affaire à deux phénomènes géologiquement très différents, quoique identiques dans leurs effets : par opposition au raz de marée, qui n'est rien d'autre qu'une lame de fond, le tsunami résulte d'une secousse des fonds marins, liée aux séismes côtiers.

HOMÈRE
VIIIe s. av. J.-C.

VIRGILE
Ier s. av. J.-C.

CLAUDIEN
Ve s. ap. J.-C.

Thucydide

LES TSUNAMIS SONT LIÉS
AUX TREMBLEMENTS DE TERRE

LXXXVII. Il y eut à cette époque tous les tremblements de terre d'Athènes, d'Eubée, de Béotie, surtout d'Orchomène en Béotie[1].

[...]

LXXXIX. 2. Vers cette époque, où la terre tremblait, à Orobiai en Eubée, la mer recula loin de ce qui était alors la terre, se souleva et revint atteindre un secteur de la ville : elle en recouvrit une partie, alors qu'elle se retira par ailleurs ; et ainsi appartient aujourd'hui à la mer ce qui était terre autrefois. L'événement fit périr tous les gens qui n'avaient pu courir à temps jusque sur les hauteurs. 3. Dans l'île d'Atalante aussi, au voisinage des Locriens d'Oponte, il y eut un raz de marée analogue, qui entama le fort athénien et fracassa l'un des deux navires qu'on avait tirés à terre. 4. Il y eut encore un reflux de vagues à Péparéthos, mais sans raz de marée cette fois ; un tremblement de terre fit tomber une portion du mur, le prytanée et quelques maisons. 5. La cause de tels phénomènes est, à mon avis, qu'au point où

1. En 427 av. J.-C. Voir aussi Diodore de Sicile, *Bibliothèque historique*, Livre XII, 59 : « Tandis que les Athéniens étaient ainsi accaparés [par une épidémie de peste], les Lacédémoniens avec un appoint péloponnésien établissaient leurs quartiers vers l'Isthme, projetant une nouvelle invasion de l'Attique ; mais de violents séismes survinrent et, pris de frayeurs religieuses, ils s'en retournèrent chacun chez soi. Ces séismes, qui survinrent un peu partout en Grèce, furent d'une telle intensité que la mer déferla sur des villes côtières et les détruisit, et qu'en Locride, là où il y avait une péninsule, elle rompit la bande de terre et créa l'île appelée Atalante. »

la terre a tremblé le plus fort, la mer, de ce fait, s'éloigne, puis, sous une brusque attraction inverse, produit une montée des eaux plus brutale ; sans tremblement de terre, il me semble que ces phénomènes n'auraient pas eu lieu.

Guerre du Péloponnèse,
Livre III, LXXXVII-LXXXIX

HOMÈRE
VIIIᵉ s. av. J.-C.

VIRGILE
Iᵉʳ s. av. J.-C.

CLAUDIEN
Vᵉ s. ap. J.-C.

Diodore de Sicile

Les chroniqueurs voient dans les deux catastrophes, survenues à Héliké et à Boura et associées en un seul événement, un désastre sans précédent. En 373 av. J.-C. deux villes prospères furent ainsi rayées de la carte.

Si ces deux catastrophes furent incontestablement épouvantables et ont évidemment frappé les populations, on ne manquera pas de relever, dans les commentaires ou les réactions, à côté bien sûr de la référence aux dieux, la présence, comme souvent, d'un contexte politique tendu propre à rendre compte de la colère divine.

On notera aussi la pertinence de la description des historiens, qui fait voir précisément l'ampleur de la catastrophe et de ses effets en la mesurant par rapport aux précédentes et en faisant intervenir les circonstances : la nuit, et l'arrivée du tsunami aussitôt après la secousse.

L'engloutissement des cités sous les flots, les ruines déclarées encore visibles ont évidemment ajouté au retentissement de l'événement en libérant un thème poétique porteur. Précisons que ces ruines englouties n'ont jamais été retrouvées, ce qui ouvre encore plus largement son champ à l'imagination.

HÉLIKÉ ET BOURA

Alors qu'Astéios était archonte à Athènes, les Romains nommèrent, au lieu de consuls, six tribuns militaires, M. Furius, et L. Furius ainsi qu'A. Postumius, L. Lucrétius, M. Fabius et L. Postumius. Cette année-là, villes et campagnes, dans le Péloponnèse, furent ravagées par des tremblements de terre et des raz de marée d'une violence inouïe. Jamais dans le passé de pareils désastres ne s'étaient abattus sur des cités grecques, jamais on n'avait vu des villes anéanties avec tous leurs habitants, comme si une force divine s'était acharnée à tuer et à perdre les hommes. 2. Le moment où arriva la catastrophe accrut son ampleur. Le tremblement de terre ne se produisit pas de jour quand les victimes auraient pu se secourir elles-mêmes, il frappa de nuit. La violence des secousses ébranla les maisons qui s'écroulèrent et la population, surprise dans l'obscurité, à l'improviste, par une catastrophe sans précédent, ne put rien faire pour sauver sa vie. 3. La plupart des gens périrent ensevelis dans les décombres de leurs maisons ; quelques-uns réussirent à sortir de leurs demeures au lever du jour et se croyaient hors de danger quand s'abattit sur eux un fléau encore plus terrible et plus inouï que le premier. La mer se souleva et il se forma une vague énorme qui engloutit tous les habitants en même temps que leur terre ancestrale. Ce furent deux cités d'Achaïe, Héliké et Boura, qui furent frappées de cette manière : Héliké était une des cités d'Achaïe les plus réputées avant le tremblement de terre. 4. On s'est beaucoup interrogé sur ce phénomène. Les philosophes naturalistes essaient d'expliquer une catastrophe telle que celle-là non par la volonté divine, mais par des circonstances naturelles, produites par un enchaînement nécessaire ; au contraire, les personnes qui ont de la piété à l'égard de la divinité expliquent l'événement en soutenant avec des arguments plausibles que la colère des dieux contre les impies est à l'origine de ce malheur. Nous allons essayer, nous aussi, de traiter ce point avec exactitude, en lui consacrant un chapitre spécial de notre histoire.

XLIX. 1. En Ionie, neuf cités avaient coutume de se réunir pour la fête des Panionia ; en commun, elles offraient à Poséidon de grands sacrifices d'origine ancienne dans un endroit désert situé près de Mycale. Plus tard, des guerres dans cette région rendirent impossible la célébration des Panionia et l'on transporta cette réunion solennelle dans un lieu à l'abri de tout danger, près d'Éphèse. On envoya des théores à Pythô consulter le dieu ; les oracles qu'ils obtinrent leur prescrivaient de faire des copies des autels anciens que leurs ancêtres avaient élevés à Héliké d'Ionie comme on l'appelait autrefois, à Héliké d'Achaïe, comme on dit à présent. 2. Les Ioniens, pour obéir à l'oracle, envoyèrent une délégation en Achaïe chercher les copies ; elle exposa sa mission devant la confédération achéenne et elle la persuada de lui donner ce qu'elle demandait. Mais les habitants d'Héliké conservaient une ancienne prédiction, selon laquelle ils seraient en danger quand les Ioniens sacrifieraient sur l'autel de Poséidon ; ils tinrent compte de cet oracle et refusèrent les copies aux Ioniens en disant qu'il ne s'agissait pas d'un sanctuaire commun à tous les Achéens, mais d'un bien qui leur appartenait en propre. Les habitants de Boura les soutinrent. 3. Mais les Ioniens se fondèrent sur la permission que leur donnait la décision de la confédération achéenne pour sacrifier sur l'autel de Poséidon, comme le leur prescrivait l'oracle ; les habitants d'Héliké dispersèrent les affaires des Ioniens et s'emparèrent de leurs théores, commettant ainsi une impiété à l'égard de la divinité. Voilà ce qui suscita, dit-on, la colère de Poséidon qui frappa les cités impies par ce tremblement de terre et ce raz de marée. 4. Que ce soit Poséidon qui ait eu de la colère contre ces cités, tout le prouve clairement. C'est ce dieu qui possède, croit-on, le pouvoir sur les tremblements de terre et les raz de marée ; le Péloponnèse passe depuis les temps les plus reculés pour sa demeure et l'on estime que cette terre lui est, pour ainsi dire, consacrée ; d'une façon générale, il n'y a aucun immortel qui soit plus vénéré que ce dieu dans toutes les cités du Péloponnèse. 5. De plus, le Péloponnèse renferme dans ses profondeurs de vastes cavités et d'immenses nappes d'eau. Il y a, en effet, deux rivières qui, de toute évidence, coulent sous terre : l'une qui disparut dans le temps passé en plongeant sous terre près de Phénéos, où des cavernes souterraines l'engloutirent, l'autre qui plonge dans un gouffre près de Stymphale et coule cachée sous terre sur une longueur de deux cents stades avant de réapparaître près de la ville d'Argos. 6. Le dernier argument est que la catastrophe ne fit de victimes que parmi les impies[1]. En voilà assez sur les tremblements de terre et les raz de marée.

Bibliothèque historique,
Livre XV, XLVIII-XLIX

---

1. Au sujet de cette « observation », voir plus haut (p. 64 et 75) les textes d'Agathias et de Lucilius Junior.

HOMÈRE
VIIIᵉ s. av. J.-C.

VIRGILE
Iᵉʳ s. av. J.-C.

CLAUDIEN
Vᵉ s. ap. J.-C.

Ammien Marcellin

Nous avons affaire ici, dans les trois textes suivants, au fameux tremblement de terre du 21 juillet 365. Ce tremblement de terre, accompagné d'un tsunami, fut déclaré « universel » ou « cosmique » par un certain nombre de contemporains, parce que, en raison de son étendue (il aurait atteint à peu de chose près l'ensemble du monde habité, du sud de l'Espagne à la Syrie en passant par l'Italie), ils y voyaient en quelque sorte la fin du monde.

D'un point de vue scientifique, un tel tremblement de terre paraît géologiquement inconcevable, les séismes étant toujours, par nature, d'une étendue limitée et les données concernant les villes détruites ou les sites atteints par ce séisme étant invérifiables ou incohérentes quant à leur chronologie. Tous les géologues s'accordent à penser qu'on ne peut pas ramener à un unique événement les tremblements de terre ou les raz de marée peut-être constatés sur l'ensemble du pourtour méditerranéen, ne serait-ce que parce que leur simultanéité n'est aucunement avérée, sans compter qu'il ne faut pas confondre l'aire proprement sismique et l'aire atteinte par le tsunami, qui sont deux choses distinctes.

En fait, il est clair que l'importance attribuée à ce tremblement de terre tient en grande partie au contexte historique qui fait suite à la mort de Julien l'Apostat. Moment spirituel remarquable qui renvoie à la fin de la culture antique et des valeurs propres au paganisme, et soit à la colère des anciens dieux face à ce drame, soit, en particulier en raison de la violence des raz de marée, à celle du Dieu chrétien mettant fin à ce monde en produisant à nouveau le Déluge.

UN RAZ DE MARÉE SANS PRÉCÉDENT

Le douzième jour avant les calendes d'août [le 21 juillet 365], sous le premier consulat de Valentinien

et de son frère, d'épouvantables et terrifiants phénomènes tels que ni les fables ni l'histoire authentique
de l'Antiquité ne nous en rapportent de semblables,
déclenchèrent une offensive inattendue sur toute
l'étendue du monde.

16. En effet, peu après le lever du jour, une foule
d'éclairs annonciateurs zèbrent vivement le ciel ;
la masse terrestre ébranlée dans sa stabilité, se met à
trembler tout entière ; les flots refluèrent et la mer,
chassée, se retira, si bien que le gouffre des profondeurs fut mis à découvert, que l'on vit des espèces
multiformes d'animaux marins pris dans la vase, et
que les étendues immenses de vallées et de montagnes,
que le principe premier du monde avait dérobées sous
les abîmes infinis, aperçurent alors au-dessus d'elles,
pouvait-on penser, les rayons du soleil. 17. Beaucoup
de navires s'échouèrent donc comme sur un sol à sec,
et une foule immense se promenait librement parmi
les basses eaux encore demeurées, pour ramasser à
la main poissons et prises analogues, quand des grondements marins, comme s'ils ne pouvaient se rési-
gner à leur défaite, s'élèvent dans un mouvement
inverse ; à travers les hauts-fonds bouillonnants, ils
se brisèrent avec violence sur des îles et de larges
étendues de terre ferme et rasèrent d'innombrables
constructions dans les villes et là où il s'en trouva :
ainsi, dans la fureur des éléments en discorde la face
cachée du monde révélait des spectacles prodigieux.
18. L'énorme masse des plaines marines reprit en
fait son assiette quand on s'y attendait le moins,
et fit périr en les engloutissant des milliers d'êtres
humains ; quand le tourbillon tumultueux de cette
marée reflua et que se fut apaisé le gonflement de
l'élément liquide, certains navires furent aperçus par
le fond, et des cadavres de naufragés flottaient, sur
le dos ou sur le ventre.

19. D'autres gros vaisseaux, poussés hors de l'onde
par des vents furieux, s'échouèrent sur le haut des toits,

comme ce fut le cas à Alexandrie, et quelques-uns furent projetés presque jusqu'à deux milles du rivage, comme le vaisseau laconien que nous avons vu de nos yeux en passant près de la ville de Méthonè, tout vermoulu à la suite d'une longue décomposition.

Histoires, Livre XXVI, ch. x, 15-19

HOMÈRE
VIIIᵉ s. av. J.-C.

VIRGILE
Iᵉʳ s. av. J.-C.

CLAUDIEN
Vᵉ s. ap. J.-C.

Saint Jérôme

ENCORE UN DÉLUGE ?

À cette époque, lors du tremblement de terre
du monde entier, qui se produisit après la mort
de Julien, les mers sortirent de leurs limites, et
comme si, une fois de plus, Dieu menaçait d'un
déluge, ou bien que tout retourne à l'antique chaos,
des navires se trouvèrent accrochés aux flancs éven-
trés des montagnes. Lorsque les habitants d'Épidaure[1]
virent cela, c'est-à-dire le frissonnement des flots et
la masse des ondes, et les monts projetés au bord
des gouffres, de peur que la ville ne soit renversée
de fond en comble, comme ils l'avaient déjà vu se
produire, ils se rendirent auprès du vieillard, et,
comme s'ils allaient au combat, ils le mirent en position sur le rivage. Lorsqu'il eut dessiné trois signes
de croix sur le sable, il tendit la main. On ne croira
jamais à quelle hauteur la mer enfla et s'arrêta devant
lui : elle frémit longtemps et, comme indignée par
l'obstacle, elle se retira peu à peu sur elle-même.

Vie de saint Hilarion, 40

---

1. Cette ville porte actuellement le nom de Cavtat, et se trouve
en Croatie.

HOMÈRE
VIIIe s. av. J.-C.

VIRGILE
Ier s. av. J.-C.

CLAUDIEN
Ve s. ap. J.-C.

Sozomène

DÉSASTRES ET RAZ DE MARÉE
EN ÉGYPTE

En tout cas, durant tout le temps de ce règne, Dieu ne cessait de paraître en courroux, et il écrasa les sujets de Rome de toutes sortes de malheurs en beaucoup de provinces. Comme la terre était continuellement secouée par de très terribles séismes, que les maisons s'écroulaient et qu'en beaucoup de lieux il se produisait soudain des fissures dans le sol, il n'était plus sûr de vivre ni chez soi ni en plein air. 14. Je conjecture, d'après ce que j'ai appris, que c'est ou bien quand il était empereur ou bien quand il n'était encore qu'au deuxième degré du pouvoir impérial qu'eut lieu la catastrophe qui frappa les Alexandrins d'Égypte, lorsque la mer, à la suite d'un raz de marée, faisant une incursion, dépassa ses limites et submergea largement la terre, au point que, l'eau une fois retirée, on trouva jusque sur les tuiles des toits des esquifs marins. 15. En tout cas, le jour où cela se produisit[1], jour que les Alexandrins nomment « anniversaire du séisme », maintenant encore ils célèbrent une fête annuelle, allument quantité de lampes dans toute la ville, font des processions de reconnaissance à Dieu et solennisent avec éclat et pieusement la fête. 16. Outre cela, des sécheresses prolongées gâtèrent, sous ce règne, tous les fruits de la terre et l'air : de là vient que, par la rareté des ressources, la faim forçait les hommes à recourir aux aliments des bêtes. Et s'ensuivait aussi la peste qui amenait ses maladies

---

1. Le 21 juillet 365.

particulières et corrompait les corps. Tels furent donc les événements sous Julien.

Histoire ecclésiastique,
Livre VI, ch. II, 13-16

HOMÈRE
VIII° s. av. J.-C.

VIRGILE
I° s. av. J.-C.

CLAUDIEN
V° s. ap. J.-C.

Procope

ÉCHINOS ET SCARPHÉIA

Au même moment[1], de violents séismes s'abattirent sur la Grèce, et leurs secousses ébranlèrent la Béotie, l'Achaïe et le pourtour du golfe de Krisa. 17. Ils détruisirent jusqu'au sol d'innombrables localités ainsi que huit véritables cités – parmi elles figuraient Chéronée, Coronée, Patrai, et la totalité de Naupacte (Lépante) –, où périt aussi, naturellement, un grand nombre de victimes. 18. Une crevasse fendit le sol qui s'ouvrit en de multiples endroits. Dans certains secteurs ces failles se ressoudèrent, ce qui redonna à la terre sa forme et son apparence antérieures, mais dans d'autres secteurs ces fractures subsistent encore maintenant. À telle enseigne que les gens du cru ne peuvent même plus communiquer entre eux, sinon en faisant de longs détours. 19. Et même, dans le détroit qui se trouve entre la Thessalie et la Béotie, un raz de marée se produisit autour de la cité qui répond au nom d'Échinos et autour de Scarphéia de Béotie : 20. L'eau monta loin dans les terres, inonda les places et les rasa jusqu'au sol. Et la mer qui recouvrait le pays y demeura longtemps, assez longtemps pour qu'on pût durablement accéder à pied dans les îles sises à l'intérieur du détroit ; car les eaux de la mer avaient changé de place et, paradoxalement, recouvraient la surface de la terre jusqu'aux montagnes qui s'y dressent. 21. Quand la mer regagna sa place habituelle, elle laissa derrière elle, sur terre, des poissons, spectacle totalement inhabituel pour les gens de cette contrée qui y virent une sorte de prodige.

1. En 551.

22. Pensant que les poissons étaient comestibles, ils les emportèrent pour les faire cuire, mais quand le feu attaqua leurs chairs, elles se transformèrent en un liquide putride dont l'odeur était insupportable. 23. Ajoutons que dans cette zone-là, à l'endroit précis qu'on appelle Schisma, se produisit aussi un séisme extrêmement puissant qui causa plus de morts que dans tout le reste de la Grèce, surtout parce qu'on y célébrait alors une fête solennelle et que s'y étaient rassemblés pour cela une foule de gens venus de toute la Grèce.

Histoire des Goths, Livre IV, 16-23

HOMÈRE
VIIIe s. av. J.-C.

VIRGILE
Ier s. av. J.-C.

CLAUDIEN
Ve s. ap. J.-C.

Agathias

RAZ DE MARÉE DESTRUCTEUR À COS

À cette époque[1], l'île de Cos, qui se trouve à l'extrémité de la mer Égée, était entièrement détruite, à l'exception d'une toute petite partie, et s'ajoutèrent à cela des fléaux divers et inouïs. 2. La mer, en effet, débordant de manière prodigieuse, submergea les édifices du bord de mer et détruisit leurs richesses et leurs habitants. La force du raz de marée était à ce point extraordinaire qu'il brisa et renversa même là où le flot n'avait pu atteindre. 3. Presque tous les habitants périrent indistinctement, qu'ils aient fui dans des temples, soient restés dans leurs maisons ou se soient rassemblés dans un autre endroit. 4. Pour moi, qui à cette époque me rendais d'Alexandrie à Byzance et avais débarqué dans cette île (elle se trouve sur l'itinéraire), elle apparut comme un spectacle qui passe toute description. 5. Presque toute la ville était un monceau de ruines d'une grande hauteur, des pierres gisaient çà et là, des fragments de colonnes et de poutres tombés à terre ; une épaisse poussière flottait partout et obscurcissait l'air, de sorte qu'on ne pouvait reconnaître les emplacements eux-mêmes des rues, mais seulement les conjecturer. Peu de maisons subsistaient intactes, et ce n'était pas celles qu'on avait bâties avec du marbre, de la pierre et quelque matériau apparemment plus solide et plus durable, mais seulement celles qui étaient faites de briques cuites et de terre. 6. On voyait çà et là quelques hommes, hagards et abattus, et comme complètement indifférents à leur propre vie. S'ajoutant aux autres

1. On date ordinairement ce tsunami de 558.

malheurs, toute l'eau de la région, soudain privée de sa qualité d'eau potable, s'était changée peu à peu en une saumure imbuvable. Tout ce qui était là était effrayant et sens dessus dessous, de sorte qu'il ne restait plus rien pour faire honneur à la ville, sinon le glorieux nom des Asclépiades et la fierté d'être la patrie d'Hippocrate. 7. Éprouver de la pitié devant de telles situations semble assurément un sentiment humain, mais s'étonner vraiment, être stupéfait, serait le fait de gens qui ignorent complètement le passé, et que par nature le monde de la matière est exposé depuis toujours à des calamités diverses. Bien souvent déjà, auparavant, des villes entières ont été détruites par un séisme ; elles ont perdu leurs anciens habitants, mais ont été relevées par d'autres occupants.

Histoires. Guerres et malheurs du temps sous Justinien,
Livre II, ch. xv

INONDATIONS ET CRUES

Les catastrophes dues aux eaux fluviatiles ou torrentielles, sans doute moins impressionnates que les tsunamis, sont néanmoins souvent spectaculaires et meurtrières, par leur violence comme par leur étendue.

On remarquera surtout qu'elles sont, depuis les temps les plus lointains, au nombre de celles que les hommes ont tenté de prévoir et de dompter, par des constructions protectrices et par des lois : le déroulement de ces catastrophes est en effet observable et l'on sait en tirer instruction, dans la mesure naussi où leurs effets sont notoirement liés aux modes d'habitation ou aux formes de l'agriculture.

HOMÈRE
VIIIe s. av. J.-C.

VIRGILE
Ier s. av. J.-C.

CLAUDIEN
Ve s. ap. J.-C.

Diodore de Sicile

L'île de Rhodes est, depuis toujours, particulièrement sujette aux inondations catastrophiques, peut-être en raison de sa disposition particulière en amphithéâtre.

Dans le texte qui suit, la catastrophe (sans doute celle de 316 av. J.-C.) résulte visiblement d'un certain nombre de négligences des édiles. Ce texte fait voir, en tout cas, combien la puissance des eaux peut être dévastatrice.

UNE INONDATION MEURTRIÈRE

Alors qu'elle possédait les villes les plus nombreuses et les plus prospères de ces régions, il y eut de tels tremblements de terre que les villes et tous leurs habitants disparurent, que le pays fut complètement transformé et que d'autres rivières apparurent à la place des anciennes, ainsi que des lacs.

XLV. 1. À cette époque se produisit à Rhodes la troisième inondation[1], qui tua un grand nombre des habitants. La première avait causé peu de dommage à la population, car la cité venait d'être fondée et contenait pour cette raison beaucoup d'espace libre. 2. La deuxième fut plus importante et plus meurtrière. La troisième survint à l'improviste, au début du printemps : il se mit soudain à tomber de fortes pluies, et des grêlons d'une taille extraordinaire. Il en tombait d'une mine, et même davantage, si bien que leur poids provoqua l'écroulement de nombreuses maisons et la mort de bien des gens. 3. Comme Rhodes a la forme d'un théâtre et que le plus gros de l'écoulement des eaux se faisait essentiellement en un seul endroit, bien vite les bas quartiers de la ville se trouvèrent sous l'eau ;

1. Cette catastrophe se produisit probablement en 316 av. J.-C.

en effet, les égouts avaient cessé d'être entretenus, puisqu'on croyait l'hiver fini, et les grilles disposées dans la muraille avaient été obstruées. 4. L'eau s'accumulait de façon inattendue et tout le secteur du marché et du sanctuaire de Dionysos se trouva sous l'eau ; comme l'inondation gagnait le sanctuaire d'Asklépios, la panique était générale et on essayait de se sauver par divers moyens. 5. Les uns s'enfuirent vers les bateaux, d'autres montèrent en courant au théâtre et certains de ceux à qui le péril ne permettait pas de passer, dans leur détresse, grimpèrent sur les plus élevés des autels et les bases des statues. 6. La cité risquait d'être complètement détruite avec ses habitants, quand le hasard vint à son secours. La muraille se rompit sur une bonne distance, l'eau prisonnière s'échappa par là dans la mer et chacun reprit rapidement son état habituel. 7. L'inondation eut lieu de jour, ce qui vint aussi en aide aux personnes en péril, car la plupart eurent le temps d'abandonner leurs maisons pour les secteurs les plus élevés de la cité. De plus, les maisons n'étaient pas de briques, mais de pierres, ce qui assura le salut de ceux qui s'étaient réfugiés sur les toits. Cependant, dans cette terrible catastrophe, plus de cinq cents personnes moururent, certaines maisons s'écroulèrent, et d'autres furent sérieusement ébranlées. Tel fut le péril encouru par la cité de Rhodes.

Bibliothèque historique,
Livre XIX, XLIV-XLV

HOMÈRE
VIIIe s. av. J.-C.

VIRGILE
Ier s. av. J.-C.

CLAUDIEN
Ve s. ap. J.-C.

Procope

Le Nil est un fleuve singulier, et pas seulement à cause du mystère de ses sources. Outre qu'il grossit en été, il a cette particularité que ses crues sont bénéfiques. L'Égypte lui doit sa prospérité, sauf exceptions alors catastrophiques.

Il est vrai que ce phénomène, si étonnant et si utile, est, dès la plus lointaine Antiquité, suivi de près par les autorités et attentivement contrôlé, dans un bel exemple de maîtrise de la nature et de gestion des ressources en eau.

On comprend aussi qu'une telle singularité appelle une explication et mobilise l'attention des voyageurs et des géographes.

LES CRUES DU NIL

À cette époque-là encore (vers l'an 548), les eaux du Nil montèrent de dix-huit coudées et, en débordant, elles inondèrent l'ensemble de l'Égypte. En Thébaïde pourtant, une région plus en amont, ses eaux débordèrent puis se retirèrent aux moments voulus et laissèrent la population locale ensemencer la terre et, en général, vaquer à ses occupations habituelles. 7. Mais quand elles eurent submergé la région plus en contrebas, loin de se retirer, elles restèrent et bloquèrent toute la période de l'ensemencement, ce qui ne s'était absolument jamais produit auparavant. Il existe un secteur où même, après s'être retirée, l'eau revint peu de temps après et recouvrit à nouveau les terres. 8. Voilà pourquoi la totalité des semences pourrissaient – toutes celles qui avaient été mises en terre dans l'intervalle –. Devant l'étrangeté du phénomène, les hommes étaient impuissants, tandis que la grande majorité des animaux, faute de nourriture, périssaient.

Histoire des Goths, Livre III, ch. XXIX

HOMÈRE
VIIIe s. av. J.-C.

VIRGILE
Ier s. av. J.-C.

CLAUDIEN
Ve s. ap. J.-C.

Strabon

Les crues du Nil ne sont donc pas toujours des bien-
faits, le fleuve doit être surveillé et la population informée.
Les Égyptiens savent faire : on pouvait voir ainsi un ingé-
nieux dispositif permettant de mesurer les crues du fleuve. Il
s'agissait d'un pieu ou d'une colonne graduée en coudées :
les crues tenues pour bonnes devaient afficher seize coudées.

*À ce sujet, on lit dans Sozomène (*Histoire ecclésiastique, *V, 3, 3) que l'empereur Julien « prescrivit de ramener*
au temple de Sarapis la coudée du Nil et les symboles du culte
selon les traditions anciennes : selon un édit de Constantin
en effet, on les apportait à l'église ». (Traduction Festugière).
L'empereur Constantin avait pris cette décision vers 325, en
vue de christianiser le culte de la crue du Nil.

Citons également le Tableau V du Livre I de la Galerie
de tableaux, *de Philostrate.*

LE « NILOMÈTRE »

Quant à Syène et Éléphantine, la première est
une ville située à la frontière de l'Éthiopie et de
l'Égypte, tandis que la seconde est une île sur le Nil
qui s'étend en face de Syène à un demi-stade ; il
s'y trouve une ville avec un temple de Knouphis
et un nilomètre, comme à Memphis. Ce nilomètre
est une citerne construite en pierres équarries sur
la berge du Nil, sur laquelle sont marquées les crues du
fleuve les plus hautes, les plus basses et les moyennes,
car l'eau contenue dans le puits monte et baisse en
fonction du fleuve ; il y a alors des marques dans
la paroi de la citerne qui mesurent les bonnes crues
et les autres. On observe donc ces marques et on
annonce le résultat au reste de la population, pour
information : on sait en effet longtemps à l'avance,
grâce à ces repères et aux dates, quand aura lieu

la prochaine crue et on l'annonce à l'avance. C'est une information très utile aux paysans pour la gestion de l'eau, les digues, les canaux et autres choses de ce genre, et également aux préfets pour estimer les revenus, car plus les crues sont importantes et plus les revenus qu'elles annoncent sont élevés.

Géographie, XVI, 1, 48

HOMÈRE
VIIIe s. av. J.-C.

VIRGILE
Ier s. av. J.-C.

CLAUDIEN
Ve s. ap. J.-C.

Tite-Live

À la différence du Nil, dont les crues sont un bienfait pour l'Égypte, les débordements du Tibre sont une véritable catastrophe pour Rome.

Les crues et les inondations du Tibre sont en effet chose récurrente dans l'Antiquité, comme en témoignent la plupart des historiens. Cicéron, dans sa correspondance avec Quintus, signalait déjà, en 54 av. J.-C., une montée des eaux faisant état d'une zone inondée qui supposait une crue d'une ampleur exceptionnelle[1].

Le Tibre est en effet un fleuve puissant, au régime largement torrentiel, et Rome, avec ses sept collines et son relief si caractéristique, avec toute une ville « basse », se trouve particulièrement exposée. On peut ainsi noter qu'il y a, à Rome, environ quatre à six inondations majeures par siècle, événements qui, au même titre que les pluies de pierre ou les impacts de foudre, sont tenus pour des « prodiges » et régulièrement consignés dans les livres des prêtres. Mais ils ne laissent pas sans réaction les pouvoirs publics, qui ne s'en tiennent pas aux purifications, expiations ou sacrifices requis, mais décident aussi de mesures techniques d'aménagement, ou en projettent.

LE TIBRE À ROME :
LES PARTIES BASSES DE LA VILLE INONDÉES

Il y eut cette année-là [193 av. J.-C.] de terribles inondations, et le Tibre déborda sur les parties basses de Rome. Vers la porte Flumentane[2], certains bâtiments s'effondrèrent même ; la porte Célimontane fut

---

1. Lettre CLVIII. – *À Quintus*, III, 7. (Tusculum, novembre 54).
2. En 192 av. J.-C., les ponts Milvius et Sublicius furent emportés. La porte Flumentana donnait directement sur le Tibre, à l'époque de Servius. Elle fut ensuite détruite par Aurélien, qui voulait étendre la ville

frappée par la foudre, ainsi qu'aux environs un mur, frappé en plusieurs points. À Aricie, à Lanuvium et sur l'Aventin, il plut des pierres ; de Capoue, on annonça qu'un énorme essaim de guêpes avait volé jusque sur le forum et s'était installé dans le temple de Mars ; elles avaient été recueillies avec soin et brûlées. En raison de ces prodiges, les décemvirs reçurent l'ordre de consulter les livres ; un rituel de neuf jours et une supplication furent ordonnés, et la ville fut purifiée.

[...]

Le Tibre déborda dans Rome avec plus de furie que l'année précédente, et renversa deux ponts et plusieurs bâtiments, surtout dans le quartier de la porte Flumentane. Un énorme rocher, ébranlé soit par les pluies, soit par un tremblement de terre trop léger pour être ressenti ailleurs, se détacha du Capitole et tomba sur le quartier des Jougs[1], où il écrasa beaucoup de gens. Dans la campagne inondée par endroits, des troupeaux furent emportés et des fermes s'effondrèrent.

Histoire romaine,
Livre XXXV, ch. IX et XXI.

---

1. Il s'agit du quartier du Vicus Jugarius, voie qui, depuis les temps anciens, permettait de rejoindre le Tibre, depuis la via Salaria, en passant entre le Capitole et le Palatin.

HOMÈRE
VIIIe s. av. J.-C.

VIRGILE
Ier s. av. J.-C.

CLAUDIEN
Ve s. ap. J.-C.

Cicéron

Dans les années 45 av. J.-C., César forma un remarquable projet, très ambitieux. Il s'agissait de détourner le Tibre pour en régulariser le cours. Le fleuve formait (et forme toujours, puisque ce projet n'a jamais été réalisé) un méandre autour du Campus Vaticanus, entre le pont Milvius et la porte Flumentane, près du Champ de Mars. Il s'agissait de relier ces deux points par un canal, afin d'améliorer le débit du fleuve, et d'agrandir la ville en y intégrant les jardins vaticans, pour en faire une grande place.

Nous ne connaissons la loi portant le second projet que par une lettre de Cicéron, qui hésite à acheter un bien promis à l'expropriation.

LA LEX DE URBE AUGENDA

Un peu après, C. Capito arriva avec T. Carrinas ; je touchai à peine leur robe, & néanmoins ils demeurèrent. Cela est venu fort à propos. Capiton parla par occasion du projet d'agrandir l'enceinte de Rome. Il dit que depuis le Pont Mulvius, on doit détourner le Tibre, & le faire passer au pied du mont Vatican ; qu'on doit renfermer le Champ de Mars dans l'enceinte de Rome, & que le Champ du Vatican tiendra lieu de Champ de Mars. Comment ? lui dis-je, & moi je pense à acheter les jardins de Scapula ; cette acquisition ne serait donc pas sûre ? Donnez-vous bien garde de la faire, me dit-il, la loi passera certainement, César le veut. Je n'ai pas été fâché d'en être averti, mais je serois fort fâché que cela s'exécutât. Qu'en croyez-vous ? J'ai tort après tout d'en douter. Vous savez que personne n'est plus curieux que Capiton, & mieux informé de toutes les nouvelles ; il le dispute même à Camillus. Mandez-moi où en est cette affaire parce que nous devons conclure le quinze. C'est pour cela que je vais à Rome. J'ai aussi quelques autres affaires, mais je pourrois les faire aussi bien deux ou trois jours plus tard.

Lettres à Atticus,
Livre XIII, Lettre XXXIII

HOMÈRE
VIIIe s. av. J.-C.

VIRGILE
Ier s. av. J.-C.

CLAUDIEN
Ve s. ap. J.-C.

Tacite

*Rien n'ayant été fait par César, c'est plus tard, après
les inondations de l'an 15, que Tibère se décida à agir. Mais
le projet sera lui aussi enterré.*

TIBÈRE CRÉE UNE COMMISSION

Cette même année, le Tibre, grossi par des pluies
continuelles, avait inondé les parties basses de Rome,
et entraîné, en se retirant, une grande quantité de
ruines et de cadavres. Asinius Gallus voulait que l'on
consultât les livres sibyllins : Tibère s'y opposa, aussi
mystérieux en religion qu'en politique. Mais il fut
décidé que L. Arruntius et Ateius Capito cherche-
raient les moyens de contenir le fleuve.

Annales, Livre I, ch. LXXVI

L'AVENIR DES MEILLEURS PROJETS...

Le Sénat examina ensuite, sur le rapport d'Arruntius et d'Ateius, si, afin de prévenir les débordements
du Tibre, on donnerait un autre écoulement aux lacs
et aux rivières qui le grossissent. On entendit les députations des municipes et des colonies. Les Florentins
demandaient en grâce que le Chiana ne fût pas
détourné de son lit pour être rejeté dans l'Arno, ce
qui causerait leur ruine. Ceux d'Intéramna parlèrent
dans le même sens : « On allait, disaient-ils, abîmer
sous les eaux et changer en des marais stagnants
les plus fertiles campagnes de l'Italie, si l'on ne
renonçait pas au projet de diviser la Néra en petits
ruisseaux. » Réate ne se taisait pas sur le danger de
fermer l'issue par où le lac Vélin se décharge dans
la Néra : « Bientôt, ce lac inonderait les plaines

environnantes. La nature avait sagement pourvu aux intérêts des mortels, en marquant aux rivières leurs routes et leurs embouchures, le commencement et la fin de leur cours. Quelque respect aussi était dû à la religion des alliés, chez qui les fleuves de la patrie avaient un culte, des bois sacrés, des autels ; le Tibre lui-même, déshérité du tribut des ondes voisines, s'indignerait de couler moins glorieux. » les prières des villes ou la difficulté des travaux ou enfin la superstition, firent prévaloir l'avis de Pison, qui conseillait de ne rien changer.

Annales, Livre I, ch. LXXIX

HOMÈRE
VIII° s. av. J.-C.

VIRGILE
I°° s. av. J.-C.

CLAUDIEN
V° s. ap. J.-C.

Hérodote

DIGUES ET CANAUX

Sémiramis fit creuser, latéralement au fleuve et à petite distance, un bassin pour un étang ; elle fit creuser partout en profondeur jusqu'à ce qu'on trouvât l'eau ; en surface, elle donna à ce bassin un pourtour de quatre cent vingt stades ; et elle employa la terre qu'on retirait des fouilles en la répandant le long des berges du fleuve. Quand la fouille fut terminée, elle fit apporter des pierres et établir tout autour de l'étang une assise continue. […]

En creusant ces ouvrages, Nitocris constituait une digue de défense ; et elle en retira, comme on va voir, un avantage accessoire. Babylone était en deux parties, le fleuve tenant le milieu ; sous les rois précédents, quand on voulait passer d'une partie dans l'autre, il fallait passer en bateau ; et c'était, je pense, une gêne. Elle pourvut aussi à cela. Dans le temps qu'elle creusait le bassin pour l'étang, elle laissa, de cette même entreprise, un autre monument que voici. Elle fit extraire de gros blocs de pierre ; lorsqu'elle eut ces pierres à sa disposition et que l'emplacement de l'étang fut creusé, elle détourna dans l'espace déblayé tout le courant du fleuve ; aussi longtemps que ce bassin se remplissait, l'ancien lit se trouvait à sec ; elle fit alors revêtir de briques cuites, disposées comme pour la muraille, les berges du fleuve dans la traversée de la ville et les descentes qui menaient des poternes au fleuve ; d'autre part, à peu près au milieu de la traversée de la ville, elle construisit, avec les pierres qu'elle avait fait extraire, un pont ; ces pierres étaient liées au moyen de fer et de plomb. Dessus, elle étendait, quand il faisait jour, des pièces de

bois carrées, sur lesquelles les Babyloniens passaient ;
durant les nuits, on enlevait ces poutres pour empêcher les gens de rôder nuitamment çà et là et de se
voler les uns les autres. Puis, quand l'espace déblayé
eut été transformé en un étang rempli par l'eau du
fleuve et que l'aménagement du pont fut terminé,
elle ramena l'Euphrate de l'étang dans son ancien
lit. De la sorte, la transformation de l'espace déblayé
en un marais parut avoir été accomplie à propos ; et
un pont se trouva établi pour les habitants de la ville.

Histoire, I, Clio, 184-188

HOMÈRE
VIII° s. av. J.-C.

VIRGILE
I° s. av. J.-C.

CLAUDIEN
V° s. ap. J.-C.

Julius Paulus

Les digues sont des équipements fort utiles. Dans la mesure où, de ce fait, des intérêts sont en jeu, elles seront donc inévitablement au cœur de querelles juridiques. Le droit atteste ici de l'importance de ces aménagements dans une société régie par des lois. Par cet exemple, on voit comment est reconnu et protégé le droit de se garantir des inondations causées par les pluies.

ACTIO AQUAE PLUVIAE ARCENDAE

De même, Varus rapporte cette espèce : la violence des eaux a rompu la digue qui était sur le fond de mon voisin, d'où il arrive que les eaux de pluie me causent du dommage. Varus dit que si cette digue était un ouvrage naturel, je ne peux forcer mon voisin par l'« actio aquae pluviae arcendae » à rétablir cette digue ou à souffrir qu'elle soit rétablie. Il décide la même chose si cette digue a été faite de main d'homme, mais depuis un temps immémorial, car si elle était construite depuis un temps connu, il pense que le voisin serait tenu par l'action. Cependant, Labéon estime que lorsque la digue a été faite de main d'homme, même depuis un temps immémorial, on peut intenter l'action pour que la digue soit rétablie. [Car par cette action, on ne peut être forcé de procurer un avantage au voisin mais bien de ne pas lui causer un dommage ou de ne pas l'empêcher de faire ce qu'il a le droit de faire ?] [Mais bien que l'« actio aquae pluviae arcendae » puisse ne pas avoir lieu, je pense pouvoir bénéficier d'une action utile ou de l'interdit contre mon voisin si je veux rétablir sur son fond une digue qui peut m'être utile sans lui être nuisible. C'est ce que recommande l'équité, même s'il nous manque à ce sujet des prescriptions légales.]

171

2, 6 : Namusa écrit, si l'eau en coulant voit son cours obstrué par du limon (fumier), de sorte que sa stagnation nuise au fond supérieur, on peut agir contre le propriétaire du fond inférieur pour le forcer à laisser nettoyer le passage des eaux. Car cette action n'est pas seulement utilisée contre les travaux faits de main d'homme, mais même contre tous ceux qui se font sans notre volonté.

Labéon [n'approuve pas cette opinion de Namusa ;] dit que la disposition naturelle d'un fond peut se changer d'elle-même. Et dans ce cas, chacun des voisins doit supporter le changement d'un cœur égal, que sa situation en soit améliorée ou qu'elle empire. Pour la même raison, si la structure du sol se trouve modifiée par un tremblement de terre ou par la violence de la tempête, personne ne peut être forcé à souffrir que les lieux soient rétablis dans leur état antérieur.

Digeste, Sur l'Édit, Livre 49, D. 39, 3, 2, 5

IV

ÉPIDÉMIES

UN MAL QUI RÉPAND
LA TERREUR

À la différence des catastrophes qui mettent en question notre monde ou notre environnement vital physique, le monde extérieur, avec la *pestilence* – quatrième cavalier de l'Apocalypse –, nous sommes en présence d'une calamité qui atteint désormais les vivants dans leur capacité même de vivre, dans leur corps, insidieusement, pour ainsi dire depuis l'intérieur.

Mais ces maladies ne sont pas seulement des maladies qui *tombent* sur l'individu et puis s'en vont (… ou ne s'en vont pas), ce sont des *épidémies*. L'épidémie, par son mode de propagation, par le fait qu'elle se répand, produit aussi une représentation effrayante de la maladie, en lui donnant une sorte d'existence substantielle multipliable sous la forme du *miasme*, qui nous guette et nous attaque quoique nous fassions. Rien à voir avec la théorie microbienne et ce que nous appelons la *contagion* : même si certains auteurs antiques usent de ce terme, dans l'épidémie, le miasme n'est pas transmis par l'autre, il émane de l'air même que nous respirons et qui est vicié. Le remède n'est donc à chercher ni dans un incertain confinement (comme on le fera au Moyen Âge, avec celui des *seuls* malades, par l'institution des *Lazarets*), ni dans un évitement de l'autre : n'étant point de remède, c'est le lieu de l'épidémie qu'il faut fuir, comme le dira et le fera Galien. Quand toute une population est atteinte, elle est toute menacée, et la maladie acquiert aussitôt une présence ; tout en ne donnant aucune prise, tout en restant invisible, insaisissable, elle ne permet aucune résistance. Et n'oublions pas, bien sûr, les souffrances des êtres atteints dans leur corps, et prisonniers du mal, comme les emmurés vivants des grands tremblements de terre.

En tous ces sens, les épidémies, tout autant que les tremblements de terre, sont des catastrophes radicales : elles mettent en question notre milieu vital lui-même, sous tous ses aspects.

HOMÈRE
VIIIe s. av. J.-C.

VIRGILE
Ier s. av. J.-C.

CLAUDIEN
Ve s. ap. J.-C.

Hippocrate

ILS NE MOURAIENT PAS TOUS...

La maladie la plus importante et la plus difficile, qui tua le plus de gens fut la phtisie. Bien des gens commencèrent à être malades en hiver ; beaucoup d'entre eux s'alitèrent, alors que certains supportaient le mal en restant debout. Tôt dans le printemps, la plupart de ceux qui s'étaient alités mouraient ; parmi les autres, les toux n'en quittèrent aucun, cependant elles régressèrent durant l'été ; mais au cours de l'automne, ils s'alitèrent tous et à nouveau mouraient ; c'est durablement que la plupart d'entre eux étaient malades. Le mal commença donc chez la plupart d'entre eux à se déclarer soudainement par les symptômes que voici : ils avaient des frissons fréquents ; souvent des fièvres continues, aiguës ; et des sueurs inopportunes, nombreuses, froides jusqu'à la fin ; un fort refroidissement avec difficulté à se réchauffer ; un ventre qui se resserrait de diverses façons, puis inversement s'humidifiait vite, avec émission par le bas de toutes les humeurs de la région du poumon ; une quantité d'urines non favorables ; des colliquations mauvaises. Les toux étaient présentes jusqu'à la fin en abondance, et elles faisaient remonter en abondance des matières mûres et humides, avec des efforts qui n'étaient pas excessifs ; mais même si c'était avec quelques efforts, c'est tout à fait en douceur que la purgation des humeurs issues du poumon se faisait chez tous. La gorge n'était pas trop irritée, et il n'y avait pas d'humeurs salées pour faire le moindre obstacle ; cependant des humeurs visqueuses, blanches, humides et écumeuses descendaient en grande quantité de la tête. Le mal de beaucoup le plus grand qui accompagnait ces malades-là et les autres était ce qui relevait du dégoût pour la nourriture, comme il a été consigné ; et ils n'avaient pas non plus plaisir à prendre des boissons avec la nourriture, mais ils restaient tout à fait sans envie de boire ; lourdeur du corps ; ils étaient somnolents ; chez la plupart d'entre eux gonflements, et ils aboutissaient à l'hydropisie ; ils avaient des frissons et divaguaient à l'approche de la mort.

Hippocrate, *Épidémies* III, 13

HOMÈRE
VIIIe s. av. J.-C.

VIRGILE
Ier s. av. J.-C.

CLAUDIEN
Ve s. ap. J.-C.

Ovide

À noter : ces calamités ne nous atteignent pas seulement nous-mêmes, elles défont aussi nos animaux. Il ne faut donc point oublier les épizooties dont la plus célèbre est celle dite du Norique, décrite par Virgile (voir le texte de Géorgiques, III, 474-566, *dans* Cave canem[1]*).*

… MAIS TOUS ÉTAIENT FRAPPÉS

Tant que le mal parut être de ceux qui tiennent à la nature humaine et qu'on ignora la funeste cause d'un si grand fléau, on le combattit avec les ressources de l'art médical ; mais le désastre surpassait tous les secours ; ils ne pouvaient en triompher. D'abord, le ciel fit peser sur la terre un épais brouillard et des nuages où il enferma une chaleur accablante ; quatre fois la Lune, réunissant ses cornes, remplit son disque de lumière, quatre fois, décroissante, elle défit le tissu de son disque rempli et, pendant ce temps, le souffle de l'Auster ne cessa d'entretenir partout une chaleur mortelle. Il est constant que les sources et les bassins furent infestés par la contagion, que des milliers de serpents se répandirent à travers les campagnes incultes et souillèrent les cours d'eau de leur venin. Ce furent les chiens, les oiseaux, les moutons, les bœufs, les animaux sauvages qui, en succombant par monceaux, révélèrent les premiers la puissance de cette maladie subite. Le malheureux laboureur s'étonne de voir ses taureaux vigoureux s'affaisser au milieu de leur travail et se coucher dans le sillon inachevé ; les bêtes à laine poussent des bêlements de souffrance ; leur toison tombe toute seule

---

1. *Cave canem. Hommes et bêtes dans l'Antiquité*, Les Belles Lettres, « Signets », 2016.

et leur corps dépérit. Le coursier naguère ardent, illustré par ses victoires dans l'arène, devient indigne de ses palmes ; oubliant ses anciens honneurs, il gémit devant son râtelier, en attendant qu'il meure dans la torpeur. Le sanglier ne se souvient plus de ses fureurs, la biche ne se fie plus à sa vitesse, les ours ont cessé d'attaquer les grands troupeaux. Tout languit ; dans les forêts, dans les champs, sur les routes sont étendus des cadavres hideux qui infectent les airs de leur odeur. Chose extraordinaire, ni les chiens, ni les oiseaux de proie, ni les loups au poil gris ne les ont touchés ; ils tombent d'eux-mêmes en poussière, décomposés, et ils exhalent des miasmes funestes, qui portent au loin la contagion. Le fléau étend ses ravages, plus redoutés encore, aux malheureux cultivateurs et il établit son empire dans l'enceinte de cette grande ville. D'abord, les entrailles sont dévorées par une flamme secrète, que révèlent la rougeur de la peau et la chaleur brûlante de l'haleine ; la langue est rugueuse et enflée ; la bouche desséchée s'ouvre aux vents attiédis et n'aspire entre les lèvres béantes qu'un air pestilentiel. Les malades ne peuvent souffrir ni couverture ni vêtement, mais ils appliquent contre terre leur poitrine insensible et leur corps, au lieu d'être rafraîchi par le sol, communique au sol sa chaleur. Personne ne peut calmer le mal ; il se déchaîne cruellement contre les médecins eux-mêmes, devenus victimes de l'art qu'ils exercent. Plus on approche les malades, plus on met de dévouement à leur service et plus on contracte rapidement le germe fatal ; quand ils ont perdu tout espoir, quand ils voient que la mort seule peut terminer leurs souffrances, ils s'abandonnent à leurs instincts, sans aucun souci des remèdes utiles ; et en effet, d'utiles il n'y en a point ; pêle-mêle, au mépris de toute pudeur, ils se pressent contre le bord des fontaines des cours d'eau et des puits aux larges flancs ; leur soif ne s'éteint qu'avec leur vie, pendant qu'ils boivent. Un grand nombre, trop alourdis, incapables de se lever de leur place, meurent dans les eaux mêmes ; il s'en trouve pourtant d'autres pour venir y puiser encore. Certains de ces malheureux éprouvent une telle horreur, un tel dégoût pour leur couche qu'ils s'en élancent d'un bond, ou, si leurs forces ne leur permettent pas de se soutenir, se roulent sur la terre ; chacun fuit ses pénates, chacun regarde sa demeure comme un séjour funeste et, ignorant la cause du mal, en accuse l'étroitesse du lieu qu'il habite. On en voit qui errent à demi morts à travers les rues, tant qu'ils peuvent se tenir debout, d'autres qui pleurent, étendus sur la terre, et qui, par un effort suprême, tournent autour d'eux leurs yeux las ; ils tendent les bras vers les astres du ciel, vers les nuées suspendues sur leur tête ; puis les uns d'un côté, les autres d'un autre, là où la mort les a surpris, ils exhalent leur dernier souffle.

Métamorphoses, VII, 523-613

Galien

Philosophe et médecin de génie, Claude Galien, d'abord médecin des gladiateurs à Pergame, fut ensuite sollicité par les empereurs Lucius Verus et Marc-Aurèle pour gérer l'épidémie de peste dite « antonine » – sans doute la variole – en 166, épidémie que l'armée romaine avait rapportée de Syrie et qui la décimait[1]. Parfaitement conscient des limites de son art face à ce fléau, il fit tout ce qu'il pouvait pour prendre le large et refuser cette responsabilité.

UN AVIS MÉDICAL AUTORISÉ : PRENDRE LE LARGE

Je passai trois autres années à Rome et, quand la grande peste se déclara, je quittai aussitôt la ville pour me hâter de rentrer dans ma patrie, aucun médicament suffisamment puissant n'ayant pu être trouvé, à ma connaissance, pour lutter contre ce fléau qui se répandit partout avant de s'éteindre.

Sur ses propres livres, I, 16

J'atteignis donc Aquilée quand la peste s'abattit comme jamais encore auparavant, si bien que les empereurs prirent aussitôt la fuite pour Rome avec une poignée de soldats, tandis que nous, le grand

---

1. « L'on rapporte qu'après l'enlèvement de son socle de la statue d'Apollon Cômaios, au cours de l'incendie de la cité [Séleucie du Tigre], les soldats, en fouillant le sanctuaire, tombèrent sur un étroit orifice ; en l'ouvrant, ils pensaient tomber sur un objet précieux, mais de cette sorte de saint lieu impénétrable clos par les secrets des Chaldéens s'élança un fléau venu du fond des âges. Engendrant avec virulence des maladies incurables, il souilla l'univers de sa contagion mortelle, à l'époque de ce même Vérus et de Marc Antonin, depuis le territoire même de la Perse jusques au Rhin et aux Gaules. » (Ammien Marcellin, *Histoires*, XXIII, VI, 24.)

nombre, nous eûmes de la peine, pendant longtemps à nous en tirer sains et saufs : les gens mouraient, pour la plupart, non seulement à cause de la peste, mais aussi parce que cela se passait au cœur de l'hiver.

Sur ses propres livres, III, 3

LES GRANDES PESTES

Dans l'Antiquité, ce genre de calamité – non moins que les autres occasions de rites expiatoires – est récurrent, comme le sont les famines, dont les annalistes et historiens ne cessent également de faire mention. Il apparaît même, très souvent, que ce genre d'événement est lié aux conditions matérielles de l'existence, détériorées par les guerres ou les privations, ainsi que l'observent les plus lucides des historiens. Citons Tacite, à propos d'une épidémie, survenue en 65, après l'ouragan de Campanie : « Une affreuse contagion étendait ses ravages sur tout ce qui respire. On ne voyait aucun signe de corruption dans l'air, et cependant les maisons se remplissaient de cadavres, les rues de funérailles : ni sexe, ni âge n'échappaient au péril ; la multitude, esclave ou libre, était moissonnée avec une égale rapidité ; ils expiraient au milieu des lamentations de leurs femmes et de leurs enfants, qui, frappés à leur chevet, atteints en pleurant leur trépas, étaient souvent brûlés sur le même bûcher. Les morts des chevaliers et des sénateurs, quoique aussi nombreuses, étaient moins déplorables : la mortalité commune semblait les dérober à la cruauté du prince[1]. »

Et si ces calamités sont récurrentes, ajoutons que leur durée est insupportable : la peste antonine, au IIe siècle de notre ère, se prolongea presque vingt ans. Pour certains historiens modernes[2], les épidémies ne

---

1. *Annales*, Livre XVI, ch. XIII.
2. Par exemple, Kyle Harper, *The Fate of Rome. Climate, Disease and the End of an Empire* (Princeton University Press, 2018).

seraient pas étrangères à une autre catastrophe majeure, historique celle-là, la chute de l'Empire romain.

Il ne faudrait pas que l'arbre cachât la forêt : c'est bien sur un tel fond insupportable de catastrophe ordinaire qu'émergent quelques moments promis par l'art à une affreuse éternité. Qu'il s'agisse des épidémies et même des épizooties de l'Antiquité, historiens et poètes redoublent de talent, voire de génie : ils savent faire voir, au-delà d'une description clinique rapidement monotone, ce qui fait de ce genre de calamité, évidemment porteur d'une angoisse radicale, un événement historique inoubliable. Ils ont su décrire la terreur des mourants, se voyant partir dans l'agonie de leurs proches ; ils ont su décrire aussi la stupeur blanche, ou muette, des vivants qui sentent le mal devant chez eux, ou l'imaginent ; ils ont su décrire surtout cette temporalité sans avenir de la vie mise comme en quarantaine, parenthèse de détresse où l'existant cesse d'exister ; bref, ils ont su décrire, en ce qu'elle a d'incompréhensible ou d'exceptionnel, cette situation incertaine, ce moment toujours premier de la confrontation de l'homme et de ses conditions vitales, dont l'importance apparaît précisément lorsque celles-ci disparaissent.

Rappelons les principales dates de ces épidémies récurrentes :

430-426 av. J.-C.	*Peste d'Athènes*
165 ap. J.-C.	*Peste dite antonine*
249-262	*Peste dite de Cyprien*
541-543	*Peste dite de Justinien (en fait recrudescente jusqu'en 749)*

HOMÈRE
VIII° s. av. J.-C.

VIRGILE
I° s. av. J.-C.

CLAUDIEN
V° s. ap. J.-C.

Thucydide

LA PESTE D'ATHÈNES

Cette année-là[1], de l'aveu unanime, se trouvait, en fait, privilégiée par la rareté des autres indispositions ; mais les affections antérieures, quand il y en avait, finirent toutes par tourner à ce mal. 2. En général, pourtant, rien ne lui fournissait de point de départ : il vous prenait soudainement, en pleine santé. On avait tout d'abord de fortes sensations de chaud à la tête ; les yeux étaient rouges et enflammés ; au dedans, le pharynx et la langue étaient à vif ; le souffle sortait irrégulier et fétide. 3. Puis survenaient, à la suite de ces premiers symptômes, l'éternuement et l'enrouement ; alors, en peu de temps, le mal descendait sur la poitrine, avec accompagnement de forte toux. Lorsqu'il se fixait sur le cœur, celui-ci en était retourné ; et il survenait des évacuations de bile, sous toutes les formes pour lesquelles les médecins ont des noms, cela avec des malaises terribles.

4. La plupart des malades furent également pris de hoquets à vide, provoquant des spasmes violents : pour les uns, ce fut après l'atténuation de ces symptômes, pour les autres bien plus tard. 5. Au contact externe, le corps n'était pas excessivement chaud ni non plus jaune ; il était seulement un peu rouge, d'aspect plombé, semé de petites phlyctènes et d'ulcérations ; mais, à l'intérieur, il brûlait tellement qu'on ne pouvait supporter le contact des draps ou des tissus les plus légers : on ne pouvait que rester nu ; et rien n'était tentant comme de se jeter dans

---

1. La peste dite d'Athènes a sévi de 430 av. J.-C. jusqu'en 426.

une eau fraîche : beaucoup même, parmi ceux dont on ne s'occupait pas, le firent, en se laissant prendre, par une soif inextinguible, au fond des puits ; et que l'on bût beaucoup ou peu, le résultat était le même. 6. À cela s'ajoutaient de façon continue l'impossibilité de trouver le repos et l'insomnie. Le corps, pendant la période active de la maladie, ne s'épuisait pas : il résistait même de façon surprenante aux souffrances ; aussi deux cas se produisaient-ils : ou bien, et c'était le cas le plus fréquent, on mourait au bout de huit ou de six jours, sous l'effet de ce feu intérieur, sans avoir perdu toutes ses forces ; ou bien, si l'on réchappait, la maladie descendait sur l'intestin, de fortes ulcérations s'y produisaient, en même temps que s'installait la diarrhée liquide ; et, en général, on mourait, plus tard, de l'épuisement qui en résultait. 7. En effet, le mal passait par toutes les parties du corps, en commençant par le haut, puisqu'il avait d'abord eu son siège dans la tête : si l'on survivait aux plus forts assauts, son effet se déclarait sur les extrémités. 8. Il atteignait alors les parties sexuelles, ainsi que le bout des mains et des pieds : beaucoup ne réchappaient qu'en les perdant, certains, encore, en perdant la vue. Enfin, d'autres étaient victimes, au moment même de leur rétablissement, d'une amnésie complète : ils ne savaient plus qui ils étaient et ne reconnaissaient plus leurs proches.

L. Le caractère de cette maladie passa en effet toute expression : de façon générale, la dureté avec laquelle elle frappait chacun n'était plus à la mesure de l'homme et un détail révéla en particulier qu'elle était sans rapport avec les maux courants : c'est que les animaux susceptibles de manger la chair humaine, oiseaux ou quadrupèdes, malgré le nombre des cadavres laissés sans sépulture, ou bien n'en approchaient pas, ou bien, s'ils y goûtaient, en mouraient. 2. On en a la preuve, car, pour ce genre d'oiseaux, il disparut de façon sensible, et on n'en voyait pas, ni ainsi occupés ni autrement ; quant aux chiens, vivant près de l'homme, ils fournissaient mieux l'occasion d'observer ces effets.

LI. Si l'on néglige bien d'autres singularités, qui se marquaient dans chaque cas et les distinguaient l'un de l'autre, telle était donc, dans l'ensemble, la forme de la maladie. Et aucune des maladies habituelles ne sévissait parallèlement au cours de cette période : y avait-il quelque atteinte, c'est ainsi que tout finissait. 2. Les gens mouraient, les uns, faute de secours, les autres au milieu de tous les soins possibles ; il n'y avait, peut-on dire, pas un seul remède déterminé que l'on pût employer utilement, car ce qui était bon pour l'un était justement nuisible pour un autre ; 3. Enfin, aucune constitution ne se révéla réfractaire au mal, qu'on la prît robuste ou faible : il vous emportait sans distinction, en dépit de tous les régimes suivis. 4. Mais le pire, dans ce mal, était d'abord le découragement qui vous frappait quand ou se sentait atteint (l'esprit passant d'emblée au désespoir, on se laissait bien plus aller, sans réagir) ; c'était aussi la contagion, qui se communiquait au cours des soins mutuels et semait la mort comme dans un troupeau : c'est là ce qui faisait le plus de victimes. 5. Si, par crainte, les gens refusaient de s'approcher les uns des autres, ils périssaient dans l'abandon, et bien des maisons furent ainsi vidées, faute de quelqu'un pour donner ses soins ; mais, s'ils s'approchaient, le mal les terrassait, surtout ceux qui prétendaient à quelque générosité, et qui, par respect humain, entraient, sans regarder à leur vie, auprès de leurs amis ; aussi bien, les proches eux-mêmes, pour finir, n'avaient seulement plus la force de pleurer ceux qui s'en allaient : l'ampleur du mal triomphait d'eux. 6. Ceux, pourtant, qui en avaient réchappé montraient, envers mourants et malades, une pitié plus grande, car ils connaissaient d'avance

les symptômes, tout en n'ayant plus de craintes person-
nelles ; en effet, on n'était pas atteint une seconde fois
de façon qui fût mortelle. Aussi, leur sort semblait-il
enviable aux autres et eux-mêmes, dans l'allégresse du
moment, s'attachaient plus ou moins à l'espoir frivole
qu'à l'avenir non plus une autre maladie ne pourrait
pas davantage arriver à les terrasser.

LII. Ce qui contribua à les éprouver en ajoutant
aux souffrances de ce mal fut le rassemblement
effectué des campagnes vers la ville : il éprouve
surtout les réfugiés. 2. En effet, comme il n'y avait pas
de maisons et que les gens vivaient dans des cabanes
que la saison rendait étouffantes, le fléau sévissait en
plein désordre : des corps gisaient, au moment de
mourir, les uns sur les autres ; il y en avait qui se
roulaient par terre, à demi morts, sur les chemins
et vers toutes les fontaines, mus par le désir de
l'eau. 3. Les lieux sacrés où l'on campait étaient
pleins de cadavres, car on mourait sur place : devant
le déchaînement du mal, les hommes, ne sachant que
devenir, cessèrent de rien respecter, soit de divin, soit
d'humain. 4. C'est ainsi que furent bouleversés tous
les usages observés auparavant pour les sépultures :
chacun ensevelissait comme il pouvait ; et beaucoup
eurent recours à des modes de funérailles scandaleux,
car ils manquaient du nécessaire, tant ils avaient déjà
eu de morts autour d'eux ; alors, ils profitaient de
ce que d'autres avaient dressé un bûcher et, ou bien
ils y plaçaient leur mort les premiers, et allumaient
du feu, ou bien, tandis qu'un corps se consumait, ils
jetaient dessus celui qu'ils portaient, et disparaissaient.

LIII. D'une façon générale, la maladie fut, dans
la cité, à l'origine d'un désordre moral croissant.
L'on était plus facilement audacieux pour ce à quoi,
auparavant, l'on ne s'adonnait qu'en cachette : on
voyait trop de retournements brusques, faisant que

des hommes prospères mouraient tout à coup et que des hommes hier sans ressources héritaient aussitôt de leurs biens. 2. Aussi fallait-il aux gens des satisfactions rapides, tendant à leur plaisir, car leurs personnes comme leurs biens étaient, à leurs yeux, sans lendemain. 3. Peiner à l'avance pour un but jugé beau n'inspirait aucun zèle à personne, car on se disait que l'on ne pouvait savoir si, avant d'y parvenir, on ne serait pas mort : l'agrément immédiat et tout ce qui, quelle qu'en fût l'origine, pouvait avantageusement y contribuer, voilà ce qui prit la place et du beau et de l'utile. 4. Crainte des dieux ou loi des hommes, rien ne les arrêtait : d'une part, on jugeait égal de se montrer pieux ou non, puisque l'on voyait tout le monde périr semblablement, et, en cas d'actes criminels, personne ne s'attendait à vivre assez pour que le jugement eût lieu et qu'on eût à subir sa peine : autrement lourde était la menace de celle à laquelle on était déjà condamné ; et, avant de la voir s'abattre, on trouvait bien normal de profiter un peu de la vie.

LIV. Tel était le malheur qui avait frappé Athènes de façon si douloureuse : elle avait des hommes qui mouraient au-dedans, et, à l'extérieur, un territoire mis au pillage. 2 Dans cette épreuve, les gens rappelaient naturellement des souvenirs, évoquant le vers qu'au dire des plus âgés on récitait autrefois : « On verra arriver la guerre dorienne, et avec elle l'épidémie. » 3. En fait, il y eut désaccord : le mot figurant autrefois dans le vers n'aurait pas été « épidémie » (*loimos*), mais « disette » (*limos*) ; pourtant l'avis qui, naturellement, prévalut fut en l'occurrence que le mot était « épidémie ». Les gens réglaient, en effet, leurs souvenirs sur ce qui leur arrivait.

Guerre du Péloponnèse,
Livre II, XLVII-LIV

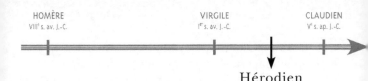

HOMÈRE
VIIIe s. av. J.-C.

VIRGILE
Ier s. av. J.-C.

CLAUDIEN
Ve s. ap. J.-C.

Hérodien

LA PESTE ANTONINE

À cette époque[1], une peste violente se répandit dans toute l'Italie, et exerça surtout de grands ravages dans la capitale, dont l'immense population était encore augmentée par la foule des étrangers de tous pays. Ce fléau coûta la vie à un grand nombre d'hommes et d'animaux. Commode, d'après le conseil de ses médecins, se retira à Laurente, lieu renommé par sa fraîcheur et couvert d'épaisses forêts de lauriers, dont il a tiré son nom. Les médecins lui vantaient la salubrité de cet endroit, préservé, disaient-ils, de la contagion de l'air par l'odeur des lauriers et l'agréable ombrage de ses bois. Aussi, dans la ville même, la plupart des habitants, sur leur avis, s'introduisaient dans le nez et dans les oreilles les parfums les plus suaves, et faisaient un usage continuel d'essences et d'aromates. On prétendait que ces odeurs occupant les passages des sens, en fermaient l'accès aux exhalaisons contagieuses, ou en détruisaient par leur force la pernicieuse influence. Le mal néanmoins ne cessait de croître de jour en jour et de frapper une multitude innombrable de victimes.

Histoire des empereurs romains, I-36

1. 165 ap. J.-C.

HOMÈRE
VIIIe s. av. J.-C.

VIRGILE
Ier s. av. J.-C.

CLAUDIEN
Ve s. ap. J.-C.

Agathias

LA PESTE DE BYZANCE

Cette année-là, au début du printemps, la peste frappa de nouveau la ville et fit périr des milliers de gens ; elle n'avait jamais complètement disparu depuis ses débuts, je veux dire depuis la quinzième année du règne de Justinien[1], lors de laquelle elle se répandit dans notre partie du monde. 2. Elle se déplaçait souvent de-ci de-là, en faisant des ravages dans un lieu à partir d'un autre, laissant ainsi quelque répit à ceux qui survivaient ; mais alors elle revenait à Byzance, comme si, je pense, après s'être calmée une première fois, elle avait trop vite cessé de faire ce qu'elle devait. 3. Beaucoup donc mouraient soudain, comme frappés par une violente attaque d'apoplexie ; ceux qui résistaient plus longtemps à la maladie survivaient à peine cinq jours. La forme de la maladie ressemblait à la précédente : s'ajoutaient aux tumeurs des fièvres violentes et persistantes, qui ne diminuaient pas d'intensité et ne cessaient qu'avec la mort de celui qui en était saisi. 4. Quelques-uns, qui n'éprouvaient ni fièvre ni autre douleur et allaient leur train comme d'habitude, tombaient soudain, chez eux ou dans les rues, là où ils se trouvaient, et tout soudain ne respiraient plus. Tous les âges étaient indistinctement frappés, mais surtout ceux qui étaient jeunes et vigoureux, en majorité des hommes ; les femmes en effet étaient moins touchées. 5. Les oracles les plus anciens des Égyptiens, les Perses qui connaissent le mieux les mouvements des astres disent qu'il existe, dans la course infinie des siècles, des cycles temporels,

---

1. Ce qui donne la date de 542.

les uns propices et heureux, les autres mauvais et néfastes ; de ceux-ci proviennent les guerres en tous lieux, les émeutes dans les villes, les pestes fréquentes et durables. 6. D'autres disent que la cause des calamités est la colère du Tout-Puissant, qui châtie avec justice les fautes du genre humain et extermine la multitude. 7. Mais ce n'est pas à moi d'arbitrer entre l'une et l'autre opinion et de déclarer quelle est la plus exacte ; ou bien je n'en sais rien, ou bien, si je le sais, cette opinion n'est ni nécessaire, ni ne convient à ce propos. La loi de l'histoire me demande seulement de rapporter, même brièvement, ce qui s'est passé.

Histoires. Guerres et malheurs du temps sous Justinien,
Livre V, 1

HOMÈRE
VIIIe s. av. J.-C.

VIRGILE
Ier s. av. J.-C.

CLAUDIEN
Ve s. ap. J.-C.

Évagre

LA PESTE D'ANTIOCHE

Je me trouve obligé de décrire ici la maladie contagieuse qui survint en ce temps-là, et qui fit un horrible ravage presque par toute l'étendue de la terre, l'espace de cinquante-deux années, ce qu'on n'avait jamais vu auparavant. Elle commença deux ans depuis que la ville d'Antioche eut été prise par les Perses, et parut en quelque chose semblable à celle qui a été décrite par Thucydide, et en quelque chose différente. Elle tomba d'abord sur l'Éthiopie, et de là se répandit tour à tour sur presque toutes les parties de l'Univers. Quelques villes en furent si horriblement affligées qu'elles perdirent tous leurs habitants. D'autres en furent frappées un peu plus légèrement : elle n'arriva pas partout, ni ne se retira pas de la même sorte. Elle arriva en quelques endroits en hiver, en d'autres au printemps, en d'autres en été, et en d'autres en automne. Il y eut des villes où elle n'infecta qu'un quartier, et épargna les autres. Il y en eut aussi où elle enleva plusieurs familles, et il y en eut enfin où elle ne toucha qu'à deux ou trois maisons. Mais comme nous l'avons observé très exactement, elle s'attacha l'année suivante aux autres maisons auxquelles elle n'avait point touché cette année-là, et qui est plus admirable est que quand le citoyen d'une ville affligée de ce terrible châtiment se trouvait dans un pays qui en était exempt, il ne tirait aucun avantage de la présence dans un pays étranger, et était seul surpris du mal qui tourmentait ses compatriotes. Elle arrivait pour l'ordinaire à la fin des indictions[1], et redoublait sa violence en la seconde année de chaque indiction.

Comme je crois qu'il m'est permis de parler de l'auteur de cette histoire, je dirai ici que j'étudiais en grammaire lorsque cette maladie commença, et que j'en fus attaqué en ce temps-là. Par la suite du temps, j'en perdis ma femme, quelques-uns de mes enfants, de mes parents, et de mes esclaves. Maintenant que j'écris ceci, et que je suis en la cinquante-huitième année de mon âge, il y a deux ans que la ville d'Antioche est assignée de cette maladie pour la quatrième fois, et il y avait déjà quatre indictions qu'elle durait lorsqu'elle en fut attaquée cette fois dont je parle. Elle m'enleva alors une fille et un petit-fils, outre tous les autres dont je viens de parler. Au reste, cette maladie était une maladie composée, et qui semblait avoir ramassé la malignité de plusieurs autres. Il y avait des personnes auxquelles elle commençait à la tête, au visage, et aux yeux qui paraissaient extraordinairement enflés ; puis descendant à la gorge, elle les emportait impitoyablement : d'autres avaient des dévoiements, d'autres des abcès dans l'aine, et d'autres des fièvres, dont ils mouraient, le second ou le troisième jour, avec une pleine connaissance, et beaucoup de force, d'autres perdaient ainsi la connaissance avant que de perdre la vie ; d'autres en mourant eurent tout le corps couvert de pustules et de charbons. Quelques-uns ayant été attaqués une ou deux fois de cette maladie, et y ayant résisté y succombèrent la troisième fois. Il y avait différentes manières de contracter cette maladie, et plusieurs étaient fort difficiles à comprendre.

---

1. « Rang qu'occupe une année dans une période de quinze ans, perpétuellement renouvelée. (Élément du comput ecclésiastique, l'indiction a pour valeur le reste de la division par 15 du millésime de l'année, augmenté de 3 ; mais, si ce reste est nul, elle vaut 15. Depuis le pape Grégoire VIII, la date prise pour origine des périodes de l'indiction est le 1er janvier 313.) » (Dictionnaire Larousse).

Quelques-uns moururent pour avoir demeuré dans des maisons, où il y avait des malades ; d'autres pour y être entrés une seule fois ; d'autres prirent le mal dans les places publiques. Quelques-uns se préservèrent du mal en fuyant des villes infectées, et ne laissèrent pas de le donner aux autres. Quelques-uns demeurèrent au milieu des malades, et des morts, sans en sentir aucune incommodité : d'autres étant las de vivre après avoir perdu les personnes qui leur étaient les plus chères, se tinrent continuellement au milieu des malades sans y pouvoir trouver ni la maladie, ni la mort. Enfin cette maladie fut la plus violente de toutes celles qu'on a vues jusques ici, et il y a, comme je l'ai déjà dit, cinquante-deux ans qu'elle dure, au lieu que Philostrate s'étonnait que celle qui arriva en son temps, en eût duré quinze. Nous ne savons pas quelle en sera la fin. Dieu à qui il n'y a rien de caché, soit des causes, ou des effets de la nature, le sait.

Histoire ecclésiastique,
Livre IV (*Theodoret*), 29

V

FLÉAUX
ENVIRONNEMENTAUX

ALÉAS CLIMATIQUES

Après ces classiques aléas climatiques que sont tempêtes et ouragans, la sécheresse, plus encore que de nos jours, est dans l'Antiquité une calamité épouvantable. Elle l'est évidemment par sa durée, mais aussi par ses conséquences : pauvreté, ruine, famine, maladie, migrations des peuples, entreprises guerrières, et enfin parce que, dans l'Antiquité, on ne sait pas y porter remède, sauf en Égypte.

Ainsi, la sécheresse fait apparaître des espaces invivables dans le monde habité, des espaces qu'on ne peut traverser qu'à la hâte, et en prenant des risques, images d'une planète qui n'accorderait rien à ceux qui voudraient en vivre. La sécheresse est responsable d'une étrange façon d'être au monde ou de l'habiter, engendrant des peuples sans racines ni terres : le nomadisme.

Les perturbations et phénomènes atmosphériques dus aux divers mouvements de l'air, pour être connus et habituels, repérables et relativement prévisibles, ils n'en sont pas moins parfois violents, souvent dangereux, fréquemment catastrophiques. On trouve, parmi beaucoup d'autres exemples, chez Tacite[1], la relation de la tempête qui secoua la Campanie en 65 ap. J.-C. : « La Campanie fut ravagée par un ouragan [*vastata Campania turbine ventorum*] qui emporta métairies, arbres, moissons. Ce fléau promena sa violence jusqu'aux portes de Rome. »

Ajoutons que ces événements sont d'autant plus redoutés qu'ils ne sont pas rares et reviennent

---

1. *Annales*, Livre XVI, ch. XIII.

régulièrement, sinon saisonnièrement. Ils laissent les populations entièrement désemparées, faute de pouvoir, si peu que ce soit, les maîtriser, si ce n'est illusoirement, par des moyens qui relèvent de la superstition. En revanche, ils sont visibles et s'offrent à l'analyse, si bien que les auteurs antiques, puisant au besoin dans l'expérience des marins, nous ont laissé d'amples catalogues de ces phénomènes, des descriptions précises et une classification fine, assortie d'un lexique spécialisé. Il y a là tout un trésor d'observations qui nourrit une connaissance empirique mais véritable de ces événements, encore précieuse de nos jours : les lieux où ils se produisent et dans quelles conditions, leur probabilité, leur fréquence, leur durée, leurs dangers, leur force, leur vitesse, leurs effets, etc.

Phénomènes plus complexes que les perturbations dues simplement à la violence des vents, les orages et la foudre appellent plus qu'une simple description et classification.

Spectaculaires, mais aussi violents, les orages et la foudre, et en particulier cette dernière, sont capables d'anéantir instantanément des édifices, de tuer bêtes et hommes, en les désintégrant littéralement. Redoutable, ce n'est pas pour rien que la foudre, comme l'éclair qui l'accompagne souvent, est imputée au plus puissant des dieux, Zeus ou Jupiter, et constitue un présage des plus funestes.

Les chroniqueurs et historiens, en particulier les historiens romains classiques, consignent donc soigneusement, comme les autorités religieuses dans leurs annales, tous les cas, les dates, les circonstances, les lieux où la foudre a frappé, comme si le moindre impact de ce feu exigeait qu'on en réfère aux dieux. Il en résulte que nous disposons d'une liste plus qu'abondamment fournie de ces événements, déjà forts nombreux, qui entrent dans la catégorie des « prodiges ». Et en effet, pour les Romains en particulier, qui géraient avec succès une complexion fortement superstitieuse en accomplissant scrupuleusement les procédures rituelles voulues, un impact de foudre n'était pas chose banale, même si, en général, c'était l'incendie consécutif qui provoquait des dégâts notables. Cela dit, si l'on met de côté le cas étrange du rhéteur Libanios, la plupart des coups de foudre se ressemblent et ils sont décrits avec les autres phénomènes qu'ils accompagnent presque toujours.

Bien sûr, à côté de l'exploitation religieuse, il appartient aux philosophes et aux savants de fournir une explication qu'on dira *naturelle*. Plus encore que pour les tremblements de terre, sur cette question, l'activité scientifique inaugure une entreprise de type rationaliste, on le vérifiera en lisant Lucrèce.

HOMÈRE
VIIIᵉ s. av. J.-C.

VIRGILE
Iᵉʳ s. av. J.-C.

CLAUDIEN
Vᵉ s. ap. J.-C.

Pline l'Ancien

TOURBILLONS ET TYPHONS

Quant aux souffles soudains, qui, nés, comme nous l'avons dit, des exhalaisons de la terre, s'élèvent et puis retombent après s'être entourés d'une enveloppe de nuages, ils se présentent sous des formes diverses. En effet, quand ils errent et se précipitent comme des torrents, ils produisent, selon l'opinion de quelques-uns déjà indiquée, les tonnerres et les éclairs ; mais si, emportés en plus grande masse avec une plus grande violence, ils percent largement une nuée sèche, ils engendrent un ouragan, appelé *ecnéphias* par les Grecs ; si au contraire, roulés plus à l'étroit dans une poche de nuage affaissée, ils la crèvent sans feu, c'est-à-dire sans foudre, ils provoquent une tornade, appelée *typhon*, c'est-à-dire un *ecnéphias* tournoyant. Il entraîne avec lui des fragments arrachés à la nuée glacée, qu'il fait tourner et tourbillonner, alourdissent sa propre chute de leur poids et passant de lieu en lieu par un rapide mouvement giratoire : fléau particulièrement dangereux pour les navigateurs, il brise non seulement les vergues, mais les navires eux-mêmes en les faisant tournoyer ; et l'on n'a qu'un faible remède : répandre sur son trajet du vinaigre, qui est substance très froide. Cette tornade, renvoyée par son propre choc, remporte avec elle dans les airs des choses qu'elle a arrachées et les aspire vers les hauteurs.

L. Lorsque la cavité de la nuée affaissée est plus grande, sans être toutefois aussi large que pour l'ouragan, et que la percée s'accompagne de fracas, c'est ce qu'on appelle un *tourbillon*, qui renverse tout autour de lui. Quand il est plus ardent et s'enflamme pendant qu'il fait rage, on l'appelle *prester* : il brûle et écrase à la fois tout ce qu'il touche. Cependant il ne se produit pas de *typhon* avec *l'aquilon*, ni *d'ecné-phias* avec de la neige ou quand il y a de la neige par terre. Si le météore s'enflamme et est en feu en même temps qu'il déchire la nuée, au lieu de donner naissance au feu par la suite, c'est la foudre, qui diffère du *prester* comme la flamme du feu. Le *prester* s'étend largement par l'effet du souffle, tandis que la foudre se ramasse dans le choc. La *tornade* diffère du *tourbillon* par son mouvement de retour et comme un sifflement d'un craquement ; *l'ouragan* diffère de l'une et de l'autre par son étendue, la nuée étant dispersée plutôt que percée. Il se forme aussi dans la nuée une masse sombre à apparence de monstre, funeste aux navigateurs. Il y a aussi ce qu'on appelle une *colonne*, lorsque l'élément liquide, épaissi et roidi, se soutient lui-même ; et, dans le même genre, *l'aulon* lorsque la nuée aspire l'eau comme un siphon.

Histoire naturelle, Livre **XLIX** 48-49

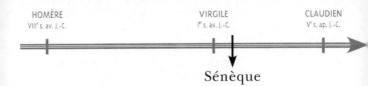

HOMÈRE
VIII⁰ s. av. J.-C.

VIRGILE
I⁰ʳ s. av. J.-C.

CLAUDIEN
V⁰ s. ap. J.-C.

Sénèque

CYCLONES

Si tu le veux bien, nous pouvons à ce propos examiner pourquoi se forme un cyclone. Tant qu'une rivière coule sans obstacle, son courant est ordinairement uniforme et direct. Si elle rencontre un roc qui se dresse et s'avance au flanc du rivage, elle est refoulée ; ses eaux n'ayant pas d'issue tournaient et la rivière, aspirée en elle-même dans ce mouvement de rotation, forme un tourbillon. 2. Le vent aussi épanche sa force tout droit, tant que rien ne vient l'arrêter. Qu'une saillie de montagne le rejette en arrière ou que, par le rapprochement de deux hauteurs, il soit comprimé en un chenal étroit et incliné, il roule plusieurs fois sur lui-même et tournoie comme nous venons de voir que font les eaux. 3. Un cyclone est donc un vent qui souffle circulairement autour d'un point et que sa rotation même rend de plus en plus violent. Quand il est particulièrement impétueux et persistant, il s'enflamme et donne lieu à ce que les Grecs appellent *prester*, un tourbillon de feu. Ces vents qui fondent des nuages sur la terre, causent presque tous les dangers de la navigation ; ils arrachent les agrès et enlèvent dans les airs des vaisseaux entiers.

Questions naturelles, Livre V, XIII, 1-3

HOMÈRE
VIIIe s. av. J.-C.

VIRGILE
Ier s. av. J.-C.

CLAUDIEN
Ve s. ap. J.-C.

Tite-Live

UNE TEMPÊTE MÉMORABLE

L'hiver de cette année-là[1] fut rendu cruel par la neige et par toutes sortes d'intempéries : il avait entièrement brûlé tous les arbres qui craignent les coups de froid ; il fut aussi notablement plus long que les autres années. C'est ainsi que la brusque arrivée des ténèbres et qu'une tempête impossible à endurer perturbèrent les féries latines sur le mont Albain et celles-ci furent recommencées sur décret des pontifes. La même tempête renversa aussi un certain nombre de statues sur le Capitole et abîma d'assez nombreux endroits à coups de foudre : le temple de Jupiter à Tarracine, le Temple blanc et la Porte romaine à Capoue ; en plusieurs endroits les créneaux du mur avaient été abattus.

Histoire romaine, Livre XL, ch. XLV

1. 179 av. J.-C.

HOMÈRE
VIIIe s. av. J.-C.

VIRGILE
Ier s. av. J.-C.

CLAUDIEN
Ve s. ap. J.-C.

Lucrèce

*Surtout, le fait d'avoir décrit, en toutes ses étapes,
un processus de part en part naturel permet à Lucrèce de
pourfendre la superstition qui l'attribue à Jupiter : la foudre
a bel et bien une origine, et une cause, naturelle et visible,
les nuages, et elle a des effets, non moins visibles, qui ne
traduisent aucune intention divine, puisque la foudre tombe
n'importe où. La vraie science fait de la nature une réalité
naturelle, et le poète renvoie les dieux à la mythologie, c'est-
à-dire à la poésie.*

LE GRAND JUPITER EST INNOCENT

La foudre prend naissance, à n'en pas douter, dans
d'épais nuages amoncelés sur une grande hauteur ;
jamais en effet elle ne jaillit d'un ciel serein, ni de
nuages minces et légers. L'expérience même nous
en fournit une preuve manifeste ; puisque alors
les nuages s'épaississent dans toute l'étendue de
l'atmosphère : on dirait que les ténèbres ont en
masse quitté l'Achéron pour emplir l'immense voûte
céleste : tant une affreuse nuit tombe des nuages, tant
nous menace du haut du ciel la face de la sombre
épouvante au moment où la tempête rassemble ses
forces pour machiner la foudre.

Il arrive fréquemment encore qu'un noir nuage
se répande sur la mer, et tel un fleuve de poix qui
tomberait du ciel, se jette sur les eaux, tout gonflé
de vastes ténèbres ; pourquoi Jupiter lui-même
le permet-il, au lieu de réserver la foudre pour ses
ennemis ? Enfin pourquoi n'est-ce jamais dans un ciel
entièrement pur qu'il la lance sur la terre et répand
les grondements de son tonnerre ? Attend-il que
les nuages passent sous ses pieds pour y descendre
en personne, et régler de plus près la direction de

ses traits l Pourquoi encore les lance-t-il dans la mer ? Que reproche-t-il à ses ondes, à sa masse liquide, à ses plaines flottantes ?

D'autre part, s'il veut que nous nous gardions de la foudre, pourquoi se refuse-t-il à nous la laisser voir partir ? Si c'est à l'improviste qu'il veut nous accabler de ses feux, pourquoi tonne-t-il du côté où il les lance, afin que nous puissions les éviter ? pourquoi ces ténèbres, ces grondements, ces bruits sourds qu'il soulève au préalable ?

Et comment pourrait-on croire qu'il la lance de plusieurs côtés à la fois ? Car oserait-on soutenir que jamais il n'est arrivé que plusieurs coups de foudre aient éclaté en même temps ? Mais c'est maintes fois que le fait s'est produit et se produit encore, suivant une loi inévitable ; et de même qu'il pleut, que l'averse tombe dans plusieurs endroits à la fois, de même les éclairs se produisent nombreux en un même moment.

Enfin pourquoi renverse-t-il les temples sacrés des dieux et ses superbes demeures d'un trait acharné à leur perte ? Pourquoi brise-t-il les magnifiques statues des dieux, et par d'horribles blessures détruit-il la beauté de ses propres images ? Pourquoi sont-ce les hauts lieux qu'il vise le plus souvent ; pourquoi est-ce au sommet des monts que nous apercevons les plus nombreuses traces de ses feux ?

De la nature, Chant VI, 205-422

HOMÈRE
VIIIe s. av. J.-C.

VIRGILE
Ier s. av. J.-C.

CLAUDIEN
Ve s. ap. J.-C.

Libanios

COUP DE FOUDRE !

[...] Voici de quoi il s'agit : je lisais les *Acharniens* d'Aristophane, debout près de la chaire du grammatiste, et le soleil était caché de nuages épais, si bien que l'on eût pu dire que ce jour ressemblait à une nuit. Zeus fit entendre un fort grondement et lança sa foudre, le feu de l'éclair frappa mes yeux, le bruit frappa ma tête. Je crus qu'il ne m'en resterait rien de grave et que ce trouble allait cesser, mais revenu à la maison et pendant le déjeuner, il me semblait entendre ce bruit et que la foudre tombait près de la maison. La frayeur me mit en sueur et d'un bond je quittai la table et me réfugiai sur mon lit. Je crus que je devais me taire et tenir tout cela secret, de peur, en me confiant aux médecins, de me voir avec chagrin arraché à ma vie quotidienne pour prendre médecine et subir un traitement. 10. Ainsi prit racine un mal qui, paraît-il, eût été sans peine extirpé dès les premiers symptômes. Et par la suite il me suivit dans mes voyages, s'aggravant de sa propre gravité, et revint ici avec moi non sans changements ni rémissions, mais sans mettre fin à mon tourment et même quand il semble céder, il ne cesse jamais tout à fait. Mais enfin, comme je l'ai dit, à part cela, je fus en bonne santé durant cette période et même ces maux ne m'empêchèrent point de profiter de ce qui faisait ma joie.

Autobiographie, I, 9

HOMÈRE
VIIIe s. av. J.-C.

VIRGILE
Ier s. av. J.-C.

CLAUDIEN
Ve s. ap. J.-C.

Diodore de Sicile

LE NOMADISME EN ÉTHIOPIE

Cet endroit est également fréquenté par une multitude d'éléphants venus de la région qui s'étend au-dessus de lui, à cause, comme le disent certains, de l'abondance et de l'agrément des pâturages : d'admirables plaines marécageuses s'étendent le long des rives du fleuve et il y pousse un fourrage riche et varié. Aussi, dès que les éléphants ont goûté aux joncs et aux roseaux, ils restent là à cause de la saveur du fourrage et ils détruisent entièrement les ressources des hommes ; cela contraint les habitants à fuir ces lieux, pour vivre en nomades sous des tentes : en un mot, l'intérêt fixe les limites de leur patrie. Si les troupeaux de bêtes sauvages dont il vient d'être question quittent l'intérieur du pays, c'est à cause de l'insuffisance de fourrage, due au dessèchement immédiat de tout ce qui pousse sur le sol ; l'excès de la chaleur et l'absence de sources et de cours d'eau font que la nourriture se trouve être sèche et rare. À ce que l'on dit, il y a des serpents remarquables par leur taille et par leur nombre dans la région appelée « région des bêtes sauvages » ; ces serpents assaillent les éléphants à proximité des confluents et, quand ils les attaquent, ils enserrent leurs pattes de leurs anneaux et, sans lâcher prise, ils les compriment avec force et les étreignent de leurs nœuds, jusqu'à ce qu'enfin les bêtes, couvertes d'écume, s'écroulent, entraînées par leur poids. Alors, se rassemblant autour de la bête écroulée, ils engloutissent l'animal dont ils sont venus facilement à bout grâce à son manque d'agilité. Mais, comme le problème se pose encore de savoir pour quelle

211

raison ces animaux, à la poursuite de leur nourriture habituelle, ne suivent pas les éléphants jusqu'à cette région proche du fleuve dont nous avons parlé, on prétend que c'est parce que des serpents d'une telle taille évitent les terrains plats et demeurent toujours au pied des montagnes, dans les ravins qui s'étendent en longueur et dans les grottes qui ont de la profondeur ; aussi ne quittent-ils jamais les lieux qui leur sont avantageux et dont ils ont l'habitude, la nature chez tous les animaux se passant de leçons pour ce genre de choses. Voilà ce que nous avions à dire sur les Éthiopiens et leur pays.

Bibliothèque historique, Livre III, X, 1-6

INVASIONS DE RAVAGEURS

On sait que les temps passés n'ont point trop pris garde de nos forêts. L'Antiquité ne fait pas exception. Les dangers de la déforestation n'échappent pourtant pas à Pline l'Ancien qui montre avec précision comment la couverture végétale protège les sols et garantit de certaines catastrophes.

Même les lions quittent le désert...

Enfin, et surtout, que dire de ces parasites qui envahissent nos maisons et nos cultures, ruinant tous nos efforts ? Nous rencontrerons évidemment les sauterelles, impitoyables. Plaie d'Égypte, mais pas seulement.

HOMÈRE
VIIIe s. av. J.-C.

VIRGILE
Ier s. av. J.-C.

CLAUDIEN
Ve s. ap. J.-C.

Diodore de Sicile

APRÈS LE DÉLUGE

Près de ce peuple, s'étend une terre importante par son étendue et riche par la variété de ses pâturages ; mais elle est déserte et totalement inaccessible, non qu'elle ait été primitivement dépourvue de présence humaine, mais parce que, plus tard, à la suite de quelque déluge catastrophique, elle a produit une abondance de tarentules et de scorpions. 2. D'après les historiens en effet, il y eut un grand pullulement des animaux en question : aussi, après s'être ligués dans un premier temps pour exterminer cet ennemi naturel, comme ils ne pouvaient venir à bout de ce fléau, et que les piqûres entraînaient la mort rapide des victimes, les indigènes renoncèrent à la terre et au mode de vie de leurs pères et abandonnèrent ces régions. On ne doit pas s'étonner de ces récits ni refuser de les croire, puisque le souvenir de bien des événements plus étranges que ceux-ci et qui se sont passés sur toute l'étendue de la terre habitée nous sont transmis par l'histoire véridique. 3. Par exemple, en Italie, une multitude de rats des champs nés dans les plaines a chassé des gens hors de leur pays natal ; en Médie, des moineaux innombrables ont pullulé et, en détruisant les graines semées par les hommes, ils les ont forcés à se transporter dans des lieux qui leur étaient étrangers ; pour ceux que l'on appelle les Autariates, ce sont des grenouilles qui, prenant naissance dans les nuages et tombant à la place des pluies habituelles, les ont contraints à abandonner leur patrie et à se réfugier dans le lieu où ils sont actuellement établis. 4. Et qui ne connaît pas, au nombre des travaux qui valurent à Héraclès l'immortalité, celui qui a consisté à chasser du lac Stymphale les oiseaux qui y pullulaient en grand nombre ? En Libye, enfin, la dévastation complète de certaines villes a été entraînée par une multitude de lions venus du désert.

Bibliothèque historique, Livre III, XXX

DES LIONS, DES MOUSTIQUES
ET DES HOMMES

Alors qu'ils [les Éthiopiens] ne manquent jamais de grandes quantités de leur nourriture et qu'ils vivent toujours en paix les uns avec les autres, ils sont en butte aux attaques d'une multitude de lions ; en effet, comme l'air ambiant est torride, des lions quittent le désert et viennent à eux pour chercher de l'ombre et, dans certains cas, pour chasser le petit gibier. Il s'ensuit que les Éthiopiens qui quittent les marais sont mangés par ces fauves ; de fait, ils sont incapables de résister à la vigueur de ces lions, parce qu'ils n'ont aucune arme pour se protéger, et leur peuple aurait été finalement anéanti si la nature ne leur avait fourni une protection qui se met en place d'elle-même. En effet, au moment de la canicule, curieusement, alors qu'il n'y a aucune accalmie du vent dans ces lieux, il y afflue une grande quantité de moustiques, d'une virulence supérieure à celle de toutes les espèces connues, de telle sorte que si les hommes, trouvant refuge dans les étangs marécageux, restent indemnes, les lions, eux, s'enfuient tous de ces lieux, chassés tout à la fois par le désagrément de leurs piqûres et par l'affolement que suscite en eux leur bourdonnement.

Bibliothèque historique, Livre III, XXIII, 2-3

HOMÈRE
VIIIe s. av. J.-C.

VIRGILE
Ier s. av. J.-C.

CLAUDIEN
Ve s. ap. J.-C.

Pline l'Ancien

Ce fléau qui vient d'Afrique est en fait au nombre des dix plaies d'Égypte dont il est question dans la Bible (Exode, 7-12), et qui font affaire avec quelques-unes des plus remarquables calamités du monde antique. On en trouve la liste commentée dans la Vie de Moïse, *de Philon d'Alexandrie (§§ 94 et suivants).*

SAUTERELLES

Ces dernières pondent, en enfonçant dans la terre la pointe de leur queue, des œufs en grappes serrées, ceci en automne. Les œufs passent l'hiver ainsi : l'année suivante, à la fin du printemps, il en sort des sauterelles petites, noirâtres, sans pattes, et rampant à l'aide de leurs ailes. Aussi les pluies du printemps font-elles périr leurs œufs, et les naissances sont-elles plus abondantes par un printemps sec. Des auteurs prétendent qu'il y a chez les sauterelles double ponte, et double mort dans l'année : qu'elles pondent au lever des Pléiades, puis qu'elles meurent au lever de la Canicule, et que d'autres renaissent ; suivant d'autres savants, c'est au coucher d'Arcturus que se fait cette renaissance. Il est certain que les mères meurent après avoir pondu : il leur naît aussitôt autour de la gorge un petit ver qui les étrangle. Les mâles meurent dans le même temps. Et cet insecte qui meurt pour une si petite cause tue quand il lui plaît, à lui tout seul, un serpent en le mordant à la gorge. Les sauterelles ne naissent que dans des terrains crevassés. On raconte que, dans l'Inde, les sauterelles ont trois pieds de long ; leurs pattes de devant et de derrière servent de scies, une fois desséchées. Elles périssent aussi d'une autre manière : soulevées en troupes par le vent, elles tombent dans la mer ou dans les étangs. C'est là un accident dû au hasard, et non point, comme l'ont cru les Anciens, au fait que leurs ailes ont été détrempées par l'humidité de la nuit. Les mêmes auteurs ont raconté qu'elles ne volaient pas non plus la nuit à cause du froid ; ils ignoraient qu'elles traversaient même des mers lointaines, supportant pendant plusieurs jours – et c'est la chose la plus étonnante – la faim, qui leur a appris à gagner des pâturages étrangers à la patrie. On les regarde comme un fléau envoyé par la colère des dieux. En effet, elles apparaissent plus grandes, et font en volant un bruit d'ailes tellement strident qu'on croirait des oiseaux ; elles obscurcissent le soleil, tandis que les peuples les suivent de l'œil, appréhendant qu'elles ne recouvrent leurs terres. Elles ont en effet des forces de rechange ; et, comme s'il ne leur suffisait pas d'avoir franchi les mers, elles parcourent d'immenses contrées, et les couvrent d'un nuage funeste aux moissons, brûlant par leur contact beaucoup de choses, et rongeant et dévorant tout, jusqu'aux portes de nos demeures.

C'est surtout de l'Afrique qu'elles se lèvent pour venir infester l'Italie ; et souvent elles forcèrent le peuple romain à recourir aux livres sibyllins, par crainte de la famine. Dans la Cyrénaïque, une loi même ordonne de leur faire la guerre trois fois par an, en écrasant d'abord les œufs, puis les jeunes, enfin les adultes ; celui qui s'y dérobe est puni comme un déserteur. Dans l'île de Lemnos également, on a fixé une certaine mesure que chaque habitant doit rapporter aux magistrats, pleine de sauterelles tuées. Pour cette raison encore on y respecte le choucas, car il vole à leur rencontre pour les détruire. En Syrie, les troupes sont employées à les tuer. Tant il y a de contrées sur la terre où ce fléau se répand.

Histoire naturelle, XI, 35

DISETTES,
FAMINES, PÉNURIES

La famine se dit en parlant d'un peuple ou d'un pays qui *meurt* de faim : dans le monde méditerranéen antique cela ne se produit que dans le cas de cités assiégées ; la disette est le manque, plus ou moins prononcé, de ce qui est nécessaire à la vie, principalement la nourriture ; la pénurie concerne la rareté des biens de consommation, soit du fait d'une production insuffisante, soit, le plus souvent dans la Rome antique, du fait d'un ravitaillement mal géré.

Les textes suivants feront apparaître que la disette n'est pas une situation exceptionnelle à Rome. Si, du fait de sa frugalité légendaire, la Rome républicaine semble manger à sa faim, il n'en va pas de même de la Rome impériale, dont l'histoire est ponctuée de disettes incessantes. Le slogan « *Panem et circenses* » ne doit pas donner à sourire : le pain est la première préoccupation du peuple, tout simplement parce qu'il manque ou qu'il est trop cher. Cette situation entraîne une instabilité politique permanente et des « émeutes de la faim », tant redoutées des dirigeants.

Si la Rome républicaine jouissait d'une autonomie alimentaire acceptable, c'est parce que, aux dires des historiens, son sol suffisait à la nourrir. La catastrophe résulte de la « modernisation » de l'économie sous l'Empire, qui aboutit à la cherté de la vie : on cesse de produire le blé en Italie, et l'on dépend alors des approvisionnements extérieurs, donc des navires et des conditions de navigation.

Cette disette, devenue endémique, est un problème de ravitaillement.

Bien sûr, il y a les guerres, les sièges prolongés : alors, c'est vraiment la famine, avec son cortège de drames.

HOMÈRE
VIIIᵉ s. av. J.-C.

VIRGILE
Iᵉ s. av. J.-C.

CLAUDIEN
Vᵉ s. ap. J.-C.

Denys d'Halicarnasse

DISETTE GÉNÉRALE

Au moment même où ils [les Pélasges] semblaient être le plus florissants dans tous les domaines, ils furent poursuivis par le courroux de quelque divinité : les uns furent tués par des maux d'origine divine, les autres sous les coups des Barbares, leurs voisins, la majeure partie d'entre eux fut dispersée de nouveau en Grèce et en pays barbare – j'aurais beaucoup à dire sur ce sujet si je voulais le traiter en détail et quelques-uns demeurèrent en Italie grâce à la protection bienveillante des Aborigènes. 2. Tout d'abord, la ruine de leurs cités commença, sembla-t-il, par une sécheresse qui mit la terre à mal : sur les arbres, aucun des fruits ne réussissait à mûrir, mais ils tombaient encore verts ; celles des graines qui germaient et montaient en herbe ne parvenaient pas dans les délais normaux à maturité complète de l'épi ; l'herbe pour le bétail ne poussait pas en quantité suffisante ; quant aux eaux courantes, ou bien elles n'étaient plus potables, ou bien elles venaient à manquer à cause de la chaleur de l'été, ou encore elles tarissaient complètement ; 3. Le même genre de fléau frappait aussi le bétail et les femmes dans leur progéniture : les fœtus avortaient ou bien succombaient au moment de l'accouchement, certains provoquant aussi du même coup la mort de celles qui les portaient ; et si l'un d'eux survivait aux risques de l'enfantement, il était estropié ou inachevé ou atteint de quelque autre infirmité qui rendait vaine toute tentative pour l'élever. Ensuite, le reste de la population, et surtout les êtres dans la fleur de l'âge, furent frappés de maladies et de morts anormalement nombreuses.

4. Comme ils interrogeaient l'oracle pour savoir quel dieu ou quel démon ils avaient offensé pour subir ce sort, et comment ils pouvaient espérer faire cesser ces maux, le dieu leur répondit que, bien qu'ils eussent obtenu ce qu'ils voulaient, ils n'avaient pas tenu ce qu'ils avaient promis dans leurs prières et restaient redevables des biens les plus précieux. 5. En effet, quand une disette générale avait frappé leur pays, les Pélasges avaient promis à Zeus, à Apollon et aux Cabires de leur offrir les dîmes de toutes leurs productions futures, et quand leur prière eut été exaucée, ils prélevèrent sur toutes leurs récoltes et sur tout le bétail la part due aux dieux pour la leur offrir, comme si leur promesse concernait seulement ces fruits-là.

Antiquités romaines, I, XXIII

HOMÈRE
VIII⁰ s. av. J.-C.

VIRGILE
I⁰⁰ s. av. J.-C.

CLAUDIEN
V⁰ s. ap. J.-C.

Tite-Live

ROME AFFAMÉE

Cette année-là, toutes les guerres étaient apaisées au-dehors et Rome guérie de ses troubles, quand un fléau bien plus grave fondit sur la ville : d'abord la vie chère, car les champs étaient restés incultes pendant la retraite de la plèbe, puis la famine, comme dans une ville assiégée. Elle aurait amené des décès surtout parmi les esclaves et les gens de la plèbe, si les consuls n'avaient pris des mesures, en faisant la chasse au blé de toutes parts, sur la côte étrusque au nord d'Ostie, au sud en longeant par mer les Volsques, jusqu'à Cumes, et même en Sicile, tant la rancune des voisins les obligeait à chercher au loin du secours. À Cumes, le marché une fois conclu, le tyran Aristodème saisit la cargaison, en remplacement de la fortune des Tarquins dont il était l'héritier ; chez les Volsques et dans le pays Pontin, tout marché fut même impossible : bien plus, la vie des acheteurs fut mise en danger par les attaques de la population. L'Étrurie, au contraire, envoya du blé par le Tibre : c'est ce qui soutint le peuple. Une guerre, bien malencontreuse au milieu d'une pareille disette, aurait redoublé les souffrances, si les Volsques, qui prenaient déjà les armes, n'avaient été attaqués par une peste violente. Ce fléau jeta la terreur dans leurs esprits ; et, afin de leur laisser un sujet d'alarmes même une fois le mal calmé, Rome renforça sa colonie de Vélitres et envoya une colonie nouvelle à Norba, dans la montagne, pour avoir une forteresse en pays Pontin.

Histoire romaine, Livre II, XXXIV

HOMÈRE
VIIIe s. av. J.-C.

VIRGILE
Ier s. av. J.-C.

CLAUDIEN
Ve s. ap. J.-C.

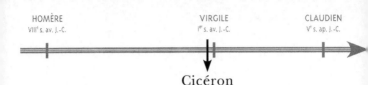

Cicéron

Cicéron s'adresse à son adversaire et ennemi, le tribun de la plèbe, Clodius.

ÉMEUTES DE LA FAIM

Quelle raison pouvait être plus pressante que la famine, que la sédition, que tes projets et ceux de tes amis, comptant que tu saisirais l'occasion offerte d'exciter les esprits de la foule ignorante, pour renouveler tes funestes brigandages à propos du ravitaillement ? 11. Les provinces productrices de blé ou n'en avaient pas ou l'avaient envoyé en d'autres régions, sans doute d'après le caprice des vendeurs, ou bien, pour acquérir plus de titres à notre reconnaissance en venant à notre secours en pleine famine, elles le gardaient enfermé dans leurs magasins, avec l'idée de l'envoyer à la veille de la nouvelle récolte. Ce n'était pas une affaire d'opinion douteuse, mais le péril était présent et placé sous nos yeux ; nous ne l'envisagions pas par hypothèse, mais nous le voyions par expérience. Comme la crise devenait plus aiguë, au point qu'on craignait vraiment la disette et la famine, et non plus la cherté, on se rendit en foule au temple de la Concorde, où le consul Metellus avait convoqué le Sénat. Si ce mouvement était dû vraiment à la souffrance et à la faim, il appartenait sans doute aux consuls d'assumer le soin de l'affaire et au Sénat de prendre une décision. Mais si la crise n'était que le prétexte d'une sédition dont tu étais, toi, le fauteur et l'instigateur, ne devions-nous pas tous agir pour arracher un aliment à ta fureur ? 12. Mais quoi ? S'il s'est produit à la fois une excitation des hommes par la famine et l'apparition dans cette plaie d'un bubon tel que toi, ne fallait-il pas appliquer un remède d'autant plus puissant, capable de guérir à la fois le mal inné et le mal adventice ? Il y avait donc cherté actuelle et famine en perspective. [...]

Or l'existence de ces deux éléments apparaît clairement. Qu'il y ait eu manque de ravitaillement et disette extrême de blé, au point de faire craindre non plus une cherté prolongée, mais vraiment la famine, personne ne le conteste. Que cet ennemi déclaré du repos et de la paix ait été prêt à saisir l'occasion d'incendier, de tuer et de piller, je ne prétends pas, pontifes, que vous l'en soupçonniez sans l'avoir vu.

Sur sa maison, V, 10-12

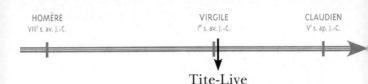

HOMÈRE
VIIIᵉ s. av. J.-C.

VIRGILE
Iᵉʳ s. av. J.-C.

CLAUDIEN
Vᵉ s. ap. J.-C.

Tite-Live

UN APPROVISIONNEMENT DÉSASTREUX

L'année où Proculus Géganius Macérinus et Lucius Ménénius Lanatus furent consuls se distingue par toute espèce de désastres et de dangers : des troubles, la famine, la royauté, dont des largesses séduisantes faillirent faire accepter le joug. Il n'y manque que la guerre étrangère : si elle était venue aggraver la situation, c'est à peine si le secours de tous les dieux aurait permis de tenir. Le premier fléau fut la famine. L'année fut-elle mauvaise pour les récoltes ? ou bien l'attrait des réunions politiques et de la ville fit-il abandonner la culture ? On donne les deux explications. Les Pères incriminaient la paresse de la plèbe ; les tribuns de la plèbe, la malhonnêteté ou l'incurie des consuls. Finalement, ils décidèrent la plèbe, sans opposition de la part du Sénat, à nommer directeur du ravitaillement Lucius Minucius, qui, à ce poste, devait être plus heureux dans la défense de la liberté que dans l'exercice de ses fonctions, bien qu'une baisse des prix ait tout de même fini par lui valoir, non sans cause, de la reconnaissance et de la gloire. Après avoir envoyé chez les peuples d'alentour un grand nombre de missions par terre et par mer sans résultat, à part un convoi de blé d'Étrurie assez peu important, incapable d'avoir la moindre influence sur le ravitaillement, il eut recours à une organisation de la disette : il obligea à faire la déclaration des provisions de blé et à vendre les quantités supérieures à la consommation d'un mois, diminua la ration journalière des esclaves, mit en accusation et livra à la colère du peuple les marchands de blé. Mais, comme l'âpreté de ses poursuites faisait ressortir la disette au lieu de l'alléger, beaucoup de plébéiens, perdant tout espoir, plutôt que de traîner dans la souffrance leur existence, se voilèrent la tête et se jetèrent dans le Tibre.

Histoire romaine, Livre IV, XII

VI

ACCIDENTS DRAMATIQUES

DRAMES DE LA MER

On ne sera pas surpris de voir que les naufrages occupent la première place dans les angoisses d'une société où le bateau est le principal moyen de transport, et périr en mer l'obsession.

HOMÈRE
VIIIᵉ s. av. J.-C.

VIRGILE
Iᵉʳ s. av. J.-C.

CLAUDIEN
Vᵉ s. ap. J.-C.

Diodore de Sicile

La plupart du temps, ce sont les tempêtes qui provoquent les naufrages, mais ici nous avons plutôt retenu deux autres cas, qui, plus que la tempête, engagent la responsabilité du capitaine : les hauts-fonds où s'engage le pilote imprudent ; le transport d'une cargaison hasardeuse, au risque d'une insolite marée noire... d'éléphants.

HAUTS-FONDS

1. Puisque nous avons décrit les trois côtés par où l'Égypte est fortifiée par terre, nous allons compléter notre propos en parlant de celui qui reste. 2. Eh bien, donc, le quatrième côté, entièrement baigné par une mer presque complètement dépourvue de ports, a pour rempart la mer d'Égypte, où la navigation côtière est très longue et l'accès à la terre très difficile. Car depuis Paraitonion en Libye jusqu'à Joppé en Cœlé-Syrie, ce qui représente un voyage d'environ cinq mille stades, on ne peut trouver un seul port sûr, excepté Pharos. 3. De plus, un banc de sable s'étend sur presque toute la longueur de l'Égypte, invisible pour tout navigateur étranger à cette côte. 4. Ainsi, ceux qui, croyant avoir échappé aux périls de la haute mer, ignorants et joyeux, font voile vers la côte, voient soudain leurs navires s'échouer et se briser dans un naufrage imprévu. 5. Quelques-uns aussi, qui ne peuvent apercevoir la terre à temps du fait que la côte est si basse, tombent sans s'en douter soit dans des bas-fonds marécageux, soit dans une région désertique.

Bibliothèque historique, Livre I, XXXI, 1-5

SAUVE QUI PEUT :
LES ÉLÉPHANTS D'ABORD !

Aussi, pour les embarcations munies de rames, la mer est-elle propice en ces parages, parce qu'elle n'y roule pas de vagues sur une grande distance et qu'elle offre une quantité stupéfiante de poissons à pêcher ; en revanche, les bateaux transporteurs d'éléphants, qui ont un fort tirant d'eau à cause de leur charge et qui sont lourds du fait de leurs équipements, font courir de grands et redoutés dangers à leurs équipages. 5. En effet, comme ils cinglent à pleines voiles et que la violence des vents les entraîne souvent durant la nuit, tantôt, heurtant des écueils, ils font naufrage, tantôt ils s'échouent sur des hauts-fonds. Alors les marins ne peuvent pas débarquer parce que la profondeur de l'eau excède la taille d'un homme et, s'ils ne parviennent pas à dégager leur bateau avec des gaffes, ils jettent tout par-dessus bord, sauf les vivres. Et si, même par ce moyen, ils n'arrivent pas à se tirer d'affaire, ils se trouvent en grand péril, parce qu'on ne saurait voir aucune île, aucun promontoire, aucun autre bateau dans le voisinage : en effet, ces régions sont tout à fait inhospitalières et ne sont fréquentées que par de rares navigateurs. 6. Par surcroît de malheur, les vagues projettent en un instant contre la carène du bateau une telle quantité de sable et l'amoncellent de façon si étonnante qu'il se forme tout autour et que la coque est enchâssée comme à dessein dans le fond marin. 7. Ceux à qui cet accident arrive sont d'abord modérés dans les plaintes qu'ils élèvent devant un désert sourd, tant qu'ils ne désespèrent pas complètement de trouver le salut pour finir ; de fait, les gens dans ce cas ont souvent vu se manifester en leur faveur le flux de la marée qui les a soulevés vers le haut en les sauvant, à la manière d'un dieu qui se manifeste, du danger extrême où ils étaient tombés. Mais, quand l'aide divine que nous avons mentionnée ne vient pas à leur secours et que la nourriture se met à faire défaut, les plus robustes jettent à la mer les plus faibles, pour que, du fait de leur petit nombre, les provisions restantes durent davantage ; mais, quand, enfin, ils ont effacé de leur esprit tout espoir, ils périssent beaucoup plus misérablement que ceux qui sont morts les premiers. Car, alors que ceux-ci ont en un instant rendu le souffle à la nature qui le leur avait donné, en revanche pour eux, qui ont fragmenté leur propre mort en mille tortures, les maux qui s'attachent à la fin de l'existence s'en trouvent considérablement prolongés. 8. Quant à ces navires pitoyablement vidés de leurs passagers, ils demeurent longtemps, tels des cénotaphes, de tous côtés entourés par une butte, et, dressant en l'air leurs mâts et leurs vergues, ils provoquent chez ceux qui les aperçoivent de loin pitié et compassion pour les disparus. Une prescription royale veut, en effet, qu'on laisse en place les vestiges de ce genre pour signaler aux navigateurs les endroits qui peuvent causer leur perte. 9. Par ailleurs chez les Ichthyophages vivant dans le voisinage se transmet un récit qui perpétue les traditions orales des ancêtres : comme il s'était produit un grand reflux de la mer, toute la partie du golfe qui apparaît comme verte dans son aspect général se transforma en terre, mais, alors que la mer s'était retirée vers les parties opposées et que les fonds marins émergeaient au jour, un flux démesuré survint à nouveau, qui rétablit le niveau de la mer à la place qu'il occupait auparavant.

Bibliothèque historique, Livre III, XL

MONTAGNE

Après la mer, la montagne – par sa configuration périlleuse et par son climat souvent extrême – présente des risques majeurs pour qui s'y aventure. Quelques précautions peuvent être utiles.

HOMÈRE
VIIIe s. av. J.-C.

VIRGILE
Ier s. av. J.-C.

CLAUDIEN
Ve s. ap. J.-C.

Strabon

*On sait que parfois, le danger est inévitable. La sagesse
est de le savoir, même si on ne renonce pas à l'affronter. Cet
exemple montre comment les hommes – les montagnards,
comme leurs animaux – sont capables, dans la vie, de parfaitement mesurer les aléas de leur situation, et comment, en
cela, les peuples connaissent le pays où ils vivent.*

PRÉCIPICES, GLACIERS ET AVALANCHES

Il n'y a pas partout moyen de forcer la nature quand
on traverse des rochers et des escarpements d'une
hauteur démesurée, qui tantôt dressent des falaises
au-dessus de la route, tantôt ouvrent des précipices au-
dessous d'elle, si bien que le moindre faux pas conduit
inévitablement au dernier péril par une chute au fond
de gouffres insondables. En certains endroits, la route
est si étroite qu'elle donne le vertige non seulement à
ceux qui la parcourent à pied, mais même aux bêtes
de somme qui n'y sont pas habituées, tandis que celles
du pays transportent leurs fardeaux sans broncher. Ce
sont donc là des difficultés auxquelles il est impossible de parer, et il en va de même de ces énormes
plaques de glace qui descendent des hauteurs en glissant et sont capables d'emporter et de précipiter dans
les abîmes s'ouvrant à côté de la route un convoi tout
entier. En effet, des blocs de neige gelée tout pareils à
de la glace venant à s'accumuler les uns sur les autres,
il en résulte ces entassements de plaques superposées
où les plaques de dessus ont toujours tendance à se
détacher de celles de dessous avant que l'ensemble
de cet amas n'ait été dissous par l'action du soleil.

Géographie, IV, 6,6

On voit ici comment l'intelligence et l'ingéniosité humaines savent, lorsque le danger est inévitable, organiser les moyens de survivre à l'accident.

La Chorzène et la Cambysène sont les régions les plus septentrionales et les plus exposées aux chutes de neige ; elles touchent la chaîne du Caucase, l'Ibérie et la Colchide. Là-bas, dit-on, sur les cols des montagnes, il arrive souvent que des caravanes entières s'engloutissent dans la neige, du fait que celle-ci tombe en abondance dans ces lieux. Pour parer à de tels dangers, les voyageurs se munissent de bâtons qu'ils lèvent jusqu'à la surface de la neige, à la fois pour pouvoir respirer et pour signaler leur présence à ceux qui viendraient à passer après eux, espérant ainsi qu'on leur portera secours, qu'on creusera la neige là où ils se trouvent et qu'on les sauvera de la mort.

Géographie, XI, 14, 4

EFFONDREMENTS
ET INCENDIES

Les hommes construisent, mais tout édifice peut s'effondrer, toute ville peut brûler. Même si ces accidents, parfois catastrophiques, ne sont pas exactement des catastrophes naturelles, ils sont imputables à un rapport de l'homme à la nature ou celui-là n'a pas forcément le beau rôle.

HOMÈRE
VIIIe s. av. J.-C.

VIRGILE
Ier s. av. J.-C.

CLAUDIEN
Ve s. àp. J.-C.

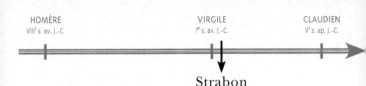

Strabon

Les ruptures de barrages produisent des dégâts consi-
dérables, et pas toujours seulement matériels. L'irréparable
peut, dans certains cas être géré juridiquement, et donner
lieu, par exemple, à des indemnisations.

DRAMES DE L'EUPHRATE ET DU CARMALAS

Dans la plaine qui s'étend devant la ville à
une distance d'environ quarante stades coule
une rivière appelée Mélas qui a ses sources dans un lieu
situé au-dessous du niveau de celle-ci. Elle est donc
inutile à ses habitants du seul fait qu'elle ne s'écoule
pas d'un point plus élevé, mais à cela s'ajoute qu'elle
en corrompt en été l'atmosphère en se déversant
dans des marais et des lacs et qu'elle rend aussi plus
difficile, de ce fait, le travail dans les carrières, sans cela
parfaitement aisé. En effet, on trouve dans la région
des roches plates qui fournissent aux Mazacéniens de
la pierre de construction en abondance, mais quand
l'eau vient à cacher les dalles, elle en contrecarre
l'exploitation. Ces marais sont eux aussi, partout où
il y en a, remplis de feu. Comme le Mélas va se jeter
dans l'Euphrate à l'entrée de défilés étroits, le roi
Ariarathès[1] ferma ceux-ci par un barrage et convertit
toute la plaine attenante en un lac s'étalant comme
la mer, puis il se réserva quelques îles comme si elles
fussent les Cyclades pour s'y livrer à des occupations
puériles. Mais le barrage étant venu à se rompre,
l'eau se déversa à nouveau vers l'aval, et l'Euphrate
ainsi gonflé entraîna dans son cours une grande
quantité de sol cappadocien, anéantit des localités et
des plantations en grand nombre et causa des dégâts

1. Au IIIe siècle avant J.-C.

considérables jusque chez les Galates de Phrygie. Pour la réparation de ces dommages, les habitants exigèrent de lui une amende de trois cents talents, remettant aux Romains le jugement de la cause. Il arriva la même chose dans la région d'Herpa : là aussi Ariarathès érigea un barrage sur le cours du Carmalas, à la suite de quoi, la digue s'étant rompue et l'eau ayant détruit quelques localités ciliciennes près de Mallos, il dut indemniser les victimes.

Géographie, XII, 2, 8

HOMÈRE
VIIIe s. av. J.-C.

VIRGILE
Ier s. av. J.-C.

CLAUDIEN
Ve s. àp. J.-C.

Tacite

Toute construction peut s'effondrer. Pour évoquer un drame dont on se souviendra longtemps à Rome, rappelons la catastrophe de Fidènes, avec une estimation de 50 000 victimes « estropiées ou écrasées »[1].

LA CATASTROPHE DE FIDÈNES

1 Sous le consulat de M. Licinius et de L. Calpurnius, les désastres de grandes guerres furent égalés par une catastrophe imprévue, dont le début marqua aussi la fin[2]. Ayant entrepris un amphithéâtre à Fidènes afin d'y donner un spectacle de gladiateurs, un certain Atilius, de condition affranchie, négligea d'assurer les fondations sur un sol ferme et de fixer par de solides crampons la superstructure en bois, vu qu'il n'avait ni abondance d'argent ni désir de popularité municipale, mais que l'appât d'un gain sordide l'avait engagé dans cette affaire. 2 La foule y accourut, avide de tels spectacles et sevrée de plaisirs sous le principat de Tibère, des gens de sexe masculin et féminin, de tout âge, dont la proximité du lieu augmentait l'affluence ; le désastre n'en fut que plus grave : l'édifice, surchargé puis disloqué, en croulant au dedans ou s'effondrant à l'extérieur, entraîne dans sa chute et recouvre une multitude d'êtres humains, attentifs au spectacle ou stationnant aux abords. 3 Ceux du moins qui, dès le début de l'écroulement, avaient été frappés à mort, eu égard à un si triste sort, échappèrent aux tortures ; plus à plaindre furent ceux qui, le corps mutilé, avaient conservé un reste de vie, qui, le jour avec leurs yeux, la nuit en écoutant

---

1. Cf. Tacite, *Annales*, Livre XVI, ch. XIII.
2. La catastrophe s'est produite en 27 ap. J.-C.

les hurlements et les gémissements, cherchaient à reconnaître leurs femmes ou leurs enfants. La foule, au premier bruit, s'empresse de venir pleurer, celui-ci un frère, celui-là un proche, cet autre ses parents. Ceux mêmes dont les amis ou les intimes étaient absents pour divers motifs ne laissent pas de trembler ; tant qu'on ne sut pas quelles victimes la catastrophe avait frappées, l'incertitude développa la crainte.

63. 1 Quand on eut commencé à déblayer les décombres, ce fut une ruée auprès des morts, chacun les étreignant et les couvrant de baisers ; et souvent il y avait lutte, quand, devant un corps défiguré, une ressemblance de taille ou d'âge avait induit en erreur ceux qui cherchaient à le reconnaître. Cinquante mille personnes furent estropiées ou écrasées dans cet accident, et, pour en prévenir le retour, un sénatus-consulte interdit de donner un spectacle de gladiateurs sans avoir une fortune d'au moins quatre cent mille sesterces et d'élever un amphithéâtre ailleurs que sur un terrain d'une solidité éprouvée. Atilius fut envoyé en exil. 2 Au reste, aussitôt après cette catastrophe, les maisons des grands furent ouvertes, on fournit partout des pansements et des médecins, et, pendant ces journées-là, Rome, tout en présentant un aspect morne, se conforma aux principes des anciens, qui, après de grandes batailles, soulageaient les blessés par leurs largesses et leurs soins.

Annales, Livre IV, 62-63

Les incendies représentent la principale catastrophe urbaine, dans l'Antiquité et en particulier à Rome, ville dense et très peuplée, où ils sont très fréquents – ce qui a conduit à une organisation exemplaire des secours, ainsi qu'à la création de corps de sapeurs pompiers.

Les autorités en souvent profité de la reconstruction, comme à Rome, pour élargir les avenues et entreprendre des travaux

*d'embellissement. Rappelons à ce propos l'incendie de Lyon[1],
en 64 ap. J.-C., à la suite duquel l'empereur contribua largement au financement de la reconstruction.*

L'INCENDIE DU CÆLIUS

Le souvenir de la catastrophe de Fidènes[2] n'était
pas encore effacé, quand un incendie d'une violence
exceptionnelle s'abattit sur la Ville[3], en ravageant
le mont Caelius ; année funeste, disait-on, et fâcheux
auspices pour le projet d'absence conçu par le prince
– selon la coutume propre à la foule d'attribuer à
un responsable des événements fortuits ; mais César
prit les devants en accordant des sommes proportion-
nées au dommage. 2. Grâces lui furent rendues au
Sénat par des voix illustres et par l'opinion publique
dans le peuple, car, sans céder à la complaisance
ni aux prières de son entourage, il avait aidé de sa
munificence même des inconnus, qu'il avait lui-même
fait venir. 3. On ajoute des motions tendant à donner
désormais au mont Caelius le nom d'Auguste, vu que,
au milieu de l'embrasement général, seule l'image de
Tibère, placée dans la maison du sénateur Junius, était
restée inviolée. Le même prodige était arrivé jadis,
rappelait-on, pour Claudia Quinta, dont la statue avait
échappé deux fois à la violence du feu, alors que
nos ancêtres l'avaient consacrée dans le temple de
la Mère des dieux.

Annales, Livre IV, 64

1. Cet incendie a été rendu célèbre par une lettre de Sénèque
(*Lettres à Lucilius*, Livre XIV, Lettre XCI).
2. Il s'agit de l'effondrement des tribunes d'un amphithéâtre
(cf. Tacite, *Annales*, Livre IV, 62-63).
3. En 27 ap. J.-C.

LE GRAND INCENDIE DE ROME

Alors[1] survient une catastrophe – fut-elle due au hasard ou à la malignité du prince, on ne sait, car les deux versions ont eu des garants – en tout cas, de toutes celles que fit subir à notre Ville la violence des flammes, il n'y en eut pas de plus grave et de plus horrible. 2. Le feu prit d'abord dans la partie du Cirque contiguë aux monts Palatin et Caelius ; là, grâce aux boutiques remplies de marchandises qui alimentent la flamme, violent dès sa naissance et poussé par le vent, il dévora toute la longueur du Cirque, car il n'y avait ni demeures entourées de fortes clôtures, ni temples ceints de murs, rien enfin qui pût ralentir sa marche. 3. Dans son élan, l'incendie parcourut d'abord les parties planes, puis s'élança vers les hauteurs, et, de nouveau, ravagea les quartiers bas, devançant les remèdes par la rapidité du mal et trouvant une proie facile dans la Ville aux ruelles étroites et tortueuses, aux immeubles mal alignés, telle que fut la Rome d'autrefois. 4. De plus, les lamentations des femmes épouvantées, la débilité de l'âge ou l'inexpérience de l'enfance, ceux qui songeaient soit à eux-mêmes soit à autrui, en traînant les faibles ou en les attendant, les uns par leur retard, les autres par leur précipitation, bloquaient tout. 5. Et souvent, en regardant derrière soi, on était assailli sur les côtés ou par-devant ; ou bien, si l'on avait réussi à s'échapper dans les quartiers voisins, ils devenaient aussi la proie des flammes, et ceux mêmes qu'on avait crus éloignés, on les trouvait dans le même état. 6. Enfin, ne sachant plus ce qu'il fallait éviter ou rechercher, on se met à remplir les rues, s'étendre à travers champs ; certains, ayant perdu toute leur fortune, de quoi subvenir même aux besoins du jour, d'autres,

1. Le 18 juillet 64 ap. J.-C.

par tendresse pour ceux des leurs qu'ils n'avaient pu arracher aux flammes, négligeant le chemin du salut, succombèrent. Et personne n'osait combattre l'incendie, devant les menaces réitérées de ceux qui, en grand nombre, défendaient de l'éteindre, et parce que d'autres lançaient ouvertement des torches, en s'écriant qu'on les y incitait, soit pour exercer leurs rapines avec plus de licence, soit qu'ils aient agi par ordre.

39. 1. Pendant ce temps, Néron séjournait à Antium, et il ne rentra dans la Ville qu'au moment où le feu approchait de la maison qu'il avait fait construire pour relier le Palatium aux jardins de Mécène On ne put toutefois l'arrêter avant que le Palatium, la maison et tous les alentours ne fussent dévorés. 2. Cependant, pour soulager le peuple expulsé et fugitif, il fit ouvrir le Champ de Mars, les monuments d'Agrippa et jusqu'à ses propres jardins, et construire à la hâte des baraquements pour recueillir la foule des indigents ; on amena des subsistances d'Ostie et des municipes voisins, et le prix du blé fut abaissé jusqu'à trois sesterces le boisseau. 3. Mais ces mesures, quoique tendant à la popularité, manquaient leur effet, parce que le bruit s'était répandu que, au moment même où la Ville flambait, le prince était monté sur la scène de son théâtre privé et avait chanté la ruine de Troie, en comparant les malheurs présents aux catastrophes antiques.

40. 1. Le sixième jour, enfin, on stoppa l'incendie au bas des Esquilies, en abattant les édifices sur un immense espace, afin d'opposer à sa violence continue une plaine dénudée et, pour ainsi dire, le vide du ciel. Mais la crainte n'était pas encore dissipée, et la plèbe n'avait pas retrouvé l'espoir, (quand) le feu reprit sa marche, dans des quartiers plus ouverts ; aussi y eut-il moins de pertes humaines, mais les sanctuaires des dieux et les portiques consacrés à l'agrément laissèrent de plus vastes ruines. 2. Et

ce nouvel incendie provoqua plus de soupçons, parce qu'il avait jailli dans une propriété de Tigellinus au quartier Emilien, et l'on pensait que Néron recherchait la gloire de fonder une ville nouvelle et de lui donner son nom. De fait, Rome est divisée en quatorze régions : quatre restaient intactes, trois étaient rasées jusqu'au sol ; les sept autres conservaient quelques vestiges de bâtiments délabrés et à demi brûlés.

4-1. 1. Fixer le nombre des demeures, des îlots et des temples détruits ne serait pas aisé ; mais les plus antiques monuments de la religion, celui que Servius Tullius avait dédié à la Lune, le Grand Autel et la chapelle consacrés à Hercule vivant par l'Arcadien Évandre, le temple de Jupiter Stator, voué par Romulus, le palais royal de Numa et le sanctuaire de Vesta, avec les Pénates du peuple romain, furent consumés ; de même, les richesses, acquises par tant de victoires, et les merveilles des arts grecs, puis les œuvres anciennes et inaltérées des génies littéraires, en sorte que, malgré la splendeur de la Ville renaissante, les vieillards se rappelaient maints trésors dont la perte était irréparable. 2. Il y eut des gens pour noter que cet incendie prit naissance le quatorzième jour avant les calendes d'août, l'anniversaire du jour où, déjà, les Sénons, après s'être emparés de la Ville, l'avaient livrée aux flammes. D'autres ont même poussé la recherche jusqu'à compter qu'il y eut autant d'années que de mois et de jours entre les deux incendies.

Annales, Livre XV, 38-41

VII

LA FIN DU MONDE

L'EAU ET LE FEU

La doctrine de la fin du monde est d'abord une doctrine épicurienne, en cela opposée aux traditions majeures. Toutes choses périront, voilà l'aboutissement d'une usure à laquelle tout est promis.

Mais c'est aussi, quoique en un sens très différent, la doctrine stoïcienne, étroitement liée à une physique du feu : les corps sont faits de forces, et ce sont les mêmes forces qui rassemblent et font se tenir les choses en un Tout, qui les disjoignent et entraînent sa fin, mais, comme l'oiseau qui renaît de ses cendres, tout repart et tout recommence. Le feu et l'eau sont sans doute au cœur de ces transformations, et c'est pourquoi il y a une suite infinie de conflagrations et de déflagrations, la fin du monde, qui promet sa renaissance, et un embrasement général, alternant avec le déluge. Détruire et produire accomplissent le même extraordinaire processus, par les mêmes moyens, le feu et l'eau.

Cette doctrine de la fin du monde est profondément saine : alors que le monde épicurien vieillit et, au bout du compte, meurt de vieillesse, vérifiant le terrible *ainsi va toute chose*, la physique stoïcienne nous révèle au contraire à chaque instant un monde dont la fin promise n'est que la renaissance, un monde qui rajeunit sans cesse, à l'opposé de la décadence promise par le *Politique* de Platon. Le feu et l'eau sont les agents de ce rajeunissement du tout.

HOMÈRE
VIII° s. av. J.-C.

VIRGILE
I° s. av. J.-C.

CLAUDIEN
V° s. ap. J.-C.

Sénèque

La fin du monde est, dans le stoïcisme, une question de physique, exclusivement. Aussi bien est-elle traitée, principalement, par ceux qu'on appelle anciens stoïciens, comme Chrysippe. Le stoïcisme impérial, avant tout moraliste, est largement indifférent à cette approche, et les catastrophes qu'il connaît, la détresse qu'il assume, relèvent du drame des cités humaines, du déferlement des passions. Seul Sénèque est sans doute un assez grand moraliste pour avoir compris qu'il y avait un problème fondamental de la réalité humaine quant à son existence dans le monde, si bien que l'auteur des Questions naturelles a su faire d'une question de physique une question radicale. D'où un retravail vertigineux qui, au-delà de toute description possible, nous fait littéralement vivre, dans la dépense insensée des forces élémentaires, la fin de toutes choses.

DÉLUGE ET CONFLAGRATION

Quand la catastrophe est imminente et que le renouvellement du genre humain est décidé, je veux bien que les pluies tombent sans relâche et sans mesure et que, par la suppression des aquilons et des vents desséchants du midi, les nues et les fleuves se déversent abondamment. Mais tout cela n'aboutit encore qu'à des dommages : « Les moissons sont couchées ; les cultivateurs voient avec désespoir leurs vœux trompés ; le travail d'une longue année périt, inutile ». 3. Il s'agit, non pas de faire du mal à la Terre, mais de l'engloutir. Aussi ne sont-ce là que des préludes. Maintenant, les mers croissent plus qu'elles ne le font d'habitude ; elles portent leurs vagues au-delà de la trace extrême de la plus forte tempête. Puis, poussées par les vents qui se lèvent derrière elles, elles font rouler une masse liquide qui va se briser bien au-delà de la limite d'où l'on aperçoit l'antique rivage. Quand la mer a deux fois, trois fois, porté ses rives plus loin et que ses eaux profondes se trouvent maintenant sur un sol qui ne leur appartient pas, comme si elle n'avait plus à craindre de châtiment, la marée avance du plus profond de l'Océan. 4. Car il en est de cet élément comme de l'air et de l'éther ; il a des réserves immenses qui sont bien plus abondantes dans ses abîmes. Ces masses, mises en mouvement par le destin, et non par la marée qui n'est que l'instrument du destin, soulèvent la mer en un vaste repli et la poussent devant elles.

[...]

7. Au moment fatal, la mer est affranchie de toute loi et avance contre toute règle. Tu me demandes pourquoi. Pour la même raison que se fera la grande conflagration universelle. Déluge et embrasement arrivent, quand Dieu a trouvé bon de mettre fin à l'Ancien Monde et d'en commencer un meilleur. L'eau et le feu règnent sur les choses de la terre. D'eux viennent également la naissance et la mort. Aussi, quand le renouvellement du monde est décidé, la mer fond d'en haut sur nos têtes, tout comme le feu fait rage, si un autre genre de catastrophe a été préféré.

Questions naturelles, Livre III, XXVIII, 1-7

HOMÈRE
VIIIᵉ s. av. J.-C.

VIRGILE
Iᵉʳ s. av. J.-C.

CLAUDIEN
Vᵉ s. ap. J.-C.

Firmicus Maternus

Les soubresauts qui réduisent le monde en cendres, mais aussi le font ressurgir de ses cendres, trouvent naturellement une expression astrologique qui les intègre à la vie globale de l'univers à travers les cycles qui scandent la vie de l'univers.

L'ÉTERNEL RECOMMENCEMENT

Au bout de trois cent mille ans, se produit habituellement une grande apocatastase, c'est-à-dire un renouvellement total sous l'effet d'un embrasement ou d'un cataclysme : tels sont, en effet, les deux espèces habituelles d'apocatastase, c'est-à-dire de recommencement. À ce moment, un déluge suit l'embrasement, c'est-à-dire qu'un cataclysme suit l'ecpyrose ; en effet, rien ne pourrait faire renaître ce qui a brûlé, rien ne pourrait ramener tout cela à sa forme et à son aspect antérieur, si la poussière des cendres n'était pas agrégée par l'adjonction d'eau pour rassembler la fécondité de toutes les semences génitales.

Mathesis, Tome I

L'AVENIR DE L'HOMME

Le destin de l'humanité – et observons qu'il y a plusieurs humanités – est-il solidaire du destin du monde matériel ? c'est la question que maintenant, parvenus en quelque sorte au bout de ce dur parcours au cœur des catastrophes, il faut bien poser, *malgré tout.*

HOMÈRE
VIII° s. av. J.-C.

VIRGILE
I°° s. av. J.-C.

CLAUDIEN
V° s. ap. J.-C.

Macrobe

On relèvera la modernité de cette page. Avec ses ruptures et ses drames, car les civilisations sont mortelles, l'humanité n'est pas prisonnière des cycles qui scandent le mouvement du cosmos.

En sa fragilité elle dispose d'une mémoire, de monuments et d'écritures. Elle se montre plus forte que toute fin du monde.

LA TRANSMISSION

Quant aux choses humaines, il est fréquent qu'elles périssent en très grande partie alors que le monde demeure, et qu'elles renaissent, lorsque reviennent tour à tour le déluge ou l'embrasement 10. Voici ce qui cause ou rend nécessaire cette alternance. Les physiciens ont enseigné que le feu éthéré se nourrissait d'eau, justifiant ainsi que sous la zone torride du ciel, occupée par la route du soleil, c'est-à-dire par le zodiaque, la nature ait placé l'Océan, comme nous l'avons décrit ci-dessus, afin que toute sa largeur, que parcourent dans l'un et l'autre sens le soleil avec les cinq planètes et la lune, trouve sous elle l'eau qui les alimente. 11. Ils prétendent que c'est cette vérité qu'Homère, source et origine de toutes les inventions divines, a donnée à entendre aux sages, sous la brume de la fiction poétique, en disant que Jupiter, accompagné des autres dieux, c'est-à-dire des planètes, s'est rendu dans l'Océan, parce qu'il était convié par les Éthiopiens à un banquet. Par cette allégorie, assurent-ils, Homère a indiqué que les astres puisent leur nourriture dans l'eau ; pour cette raison il a appelé les Éthiopiens rois du banquet céleste, puisque les Éthiopiens sont les seuls à habiter sur le pourtour de l'Océan ; et ils doivent à la brûlure du soleil tout proche leur teint tirant sur le noir. 12. Donc, comme la chaleur se nourrit d'eau, il en résulte que des excès de chaleur alternent avec des excès d'eau. Il arrive en effet que le feu, qui à force de nourriture a atteint son développement maximum, triomphe de l'eau qu'il a absorbée ; ainsi la rupture de l'équilibre physique de l'air laisse libre cours à l'incendie, et la terre est consumée en profondeur par la brûlure du feu qui la pénètre ; mais une fois retombée l'intensité de la chaleur, l'eau ne tarde pas à recouvrer progressivement des forces, puisque le feu, dont une grande part s'est dépensée dans les incendies, consume désormais une quantité moindre de l'eau en train de se reconstituer. 13. Et inversement, l'eau, qui pendant une longue période s'est accumulée, l'emporte à tel point qu'une inondation submerge les terres ; inversement, la chaleur ensuite reprend des forces : voilà comment, alors que le monde perdure au milieu des excès alternés de chaleur et d'eau, la civilisation terrestre périt souvent avec la race humaine, puis, quand l'équilibre se rétablit, se reconstitue à nouveau. 14. Jamais cependant, lors d'une inondation ou d'un incendie, l'ensemble des terres ou l'ensemble de l'humanité ne sont complètement engloutis ni profondément consumés. L'Égypte en tout cas, comme le reconnaît Platon dans le *Timée*, n'a jamais souffert d'un excès soit d'eau soit de chaleur ; aussi les monuments et les livres des Égyptiens sont-ils les seuls à conserver la trace d'une infinité de millénaires. 15. Des parties déterminées de la terre, échappant à la destruction, deviennent donc la pépinière d'une nouvelle humanité ; et voilà comment, dans un monde qui n'est pas neuf, des hommes neufs et ignorants d'une civilisation dont le cataclysme a effacé le souvenir errent sur la terre et, dépouillant peu à peu la rudesse de leur sauvagerie vagabonde, acceptent à l'instigation de la nature réunions et regroupements ; au début ils pratiquent entre eux une simplicité ignorante du mal et encore étrangère à la ruse, qui vaut aux premiers siècles le nom de siècles d'or. 16. Ensuite, plus l'expérience les amène à raffiner la civilisation et les techniques, plus la rivalité s'insinue aisément dans les cœurs, et bénéfique au début, aboutit sournoisement à l'envie, qui alors engendre tout ce dont l'espèce humaine aux siècles suivants fait l'expérience. Telle est donc l'alternance de morts et de renaissances qui affecte les affaires humaines, tandis que le monde lui, reste inchangé.

Commentaire au songe de Scipion,
Livre II, ch. X-XV

LES AUTEURS DU « SIGNET »

Les auteurs latins apparaissent en italique.

Agathias (531-580 ap. J.-C.)
Historien du règne de Justinien (552-558), il est le continuateur de Procope. Après des études à Alexandrie, il séjourna à Constantinople, où il exerça le métier d'avocat. À côté de son œuvre d'historien, il est l'auteur de poèmes et d'épigrammes.

Ammien Marcellin (*C.* 330-400 ap. J.-C.)
Syrien d'origine grecque, né à Antioche, cet officier de l'armée romaine s'attacha à Ursicin, commandant de l'armée d'Orient, puis accompagna l'empereur Julien dans son expédition en Perse. Il est l'auteur d'un récit historique (en latin) qui, prenant la suite de celui de Tacite, traitait la période 96-378 ap. J.-C. Seule la fin, qui couvre les années 353-378, est conservée. Grand admirateur de Julien, Ammien n'a pas de mots assez durs pour ceux qu'il estime affaiblir l'Empire, comme Valentinien Ier ou Valens.

Apollodore (Ier ou IIe siècle ap. J.-C.)
Auteur de la *Bibliothèque*, vraisemblablement écrite dans les premiers siècles ap. J.-C., on ne sait rien d'Apollodore. Cet ouvrage, en dépit de son caractère fragmentaire, est une source irremplaçable pour notre connaissance de la mythologie grecque.

Aristote (384-322 av. J.-C.)

Né à Stagire, ville grecque sous influence macédonienne, en Thrace, Aristote partit se former à Athènes et se fit le disciple de Platon à l'Académie, où il resta une vingtaine d'années (366-348). Après des séjours en Asie Mineure, il fut nommé précepteur d'Alexandre le Grand, puis revint à Athènes, où il fonda sa propre école : le Lycée (335). Esprit encyclopédique, Aristote voyait dans la philosophie un savoir total et ordonné, couvrant la logique, les sciences de la nature, la métaphysique, la théorie de l'âme, la morale, la politique, la littérature. Ses œuvres publiées ont presque toutes disparu ; les textes que nous avons conservés (et qui sont nombreux) sont des ouvrages dits « ésotériques », c'est-à-dire qui n'étaient pas destinés à la publication et constituaient des sortes de notes et rédactions préparatoires en vue de la discussion et de l'enseignement à l'intérieur du Lycée ; ils furent édités tardivement, au Ier siècle av. J.-C. La postérité et l'influence d'Aristote furent immenses.

Aulu-Gelle (*C.* 130-180 ap. J.-C.)

Aulu-Gelle, dont on ignore l'origine, fit ses études à Rome avant de rendre visite au rhéteur Hérode Atticus, à Athènes. Son recueil intitulé *Nuits attiques* est composé de vingt livres, qui offrent chacun une série de petites dissertations sur des thèmes variés, touchant souvent à la sémantique ou à la grammaire, mais abordant aussi la littérature, la philosophie, le droit, la critique textuelle ou les institutions. Il entreprit ce travail – qu'il acheva à Rome – dans les longues nuits d'hiver passées en Attique. On y trouve de très précieuses informations sur tous les domaines ; il a aussi conservé dans ces pages de nombreux extraits d'auteurs dont les œuvres sont perdues par ailleurs.

Cassius Dion (155-235 ap. J.-C.)

L'usage français a longtemps été d'appeler « Dion Cassius » ce provincial (il est originaire de Bithynie), qui fit à Rome une brillante carrière, s'incorporant au Sénat et exerçant des fonctions très brillantes (préteur, consul suffect, proconsul de la province d'Afrique, notamment). On lui doit une monumentale *Histoire romaine*, en quatre-vingts livres, retraçant chronologiquement les événements ayant eu lieu depuis la fondation de la cité aux sept collines jusqu'au règne d'Alexandre Sévère (222-235 ap. J.-C.). Les livres XXXIII à LIV (période de 68 à 10 av. J.-C.) nous sont parvenus intégralement, les autres nous sont connus grâce à deux abréviateurs byzantins : Xiphilin et Zonaras. À condition d'en user avec discernement (notamment en ce qui concerne les longs discours que Dion prête à ses personnages, et qui sont presque entièrement dus à son imagination), ces pages sont une véritable mine de renseignements pour la fin de la République et le tournant que constitue le Principat, notamment sur le plan institutionnel.

Cicéron (106-43 av. J.-C.)

Né à Arpinum (*C.* 100 km au sud de Rome), Marcus Tullius Cicero est un « homme nouveau » (*homo novus*), c'est-à-dire qu'aucun de ses ancêtres n'a exercé de magistrature à Rome. Adolescent prometteur, il est envoyé dans la capitale pour y suivre des cours de rhétorique. Il s'y fait rapidement un nom en sauvant la tête de Sextus Roscius, un homme d'Amérie accusé de parricide, et surtout en attaquant victorieusement, au nom de ses anciens administrés, Verrès, ex-gouverneur de la province de Sicile, qui avait multiplié forfaitures et actes d'arbitraire. Il accède au consulat en 63 av. J.-C. et atteint alors l'apogée de sa gloire en écrasant le complot ourdi par Catilina et ses complices pour renverser la République. À cette occasion, il se fait des ennemis, qui le contraignent à l'exil ; il reviendra à Rome, mais ne réussira jamais à contrebalancer la puissance des ambitieux chefs de factions qui briguent le pouvoir personnel et s'affrontent armes à la main à partir de 50 av. J.-C. Il sera finalement victime de la réconciliation d'Octavien avec Marc-Antoine, qu'il avait violemment pris à partie dans les *Philippiques* ; sa tête et ses mains, tranchées par ses assassins, seront exposées sur les rostres.

Cornelius Severus
Voir **Lucilius Junior**.

Denys d'Halicarnasse (*C.* 60 av. J.-C.-après 7 av. J.-C.)

Ce Grec d'Asie Mineure s'installa à Rome vers 30 av. J.-C. et y demeura vraisemblablement jusqu'à la fin de sa vie. Son œuvre se compose de deux ensembles. D'une part, *les Antiquités romaines*, recherche savante dont seule la première moitié nous est parvenue, retraçaient l'histoire de Rome depuis les origines jusqu'à la première guerre punique (265 av. J.-C.). Grand admirateur des Romains, Denys écrit à leur gloire et invite les lecteurs à partager son admiration, tout en soutenant la thèse des origines grecques de Rome (Romulus et Rémus ayant eu pour ancêtres des colons grecs venus s'établir dans le Latium). D'autre part, les *Opuscules rhétoriques* sont des traités de critique littéraire consacrés aux grands orateurs et à Thucydide, importants pour la théorie du style.

Digeste (VIe siècle ap. J.-C.)

Le recueil couramment appelé *Digeste* est le fruit de la volonté de l'empereur Justinien de compiler en un seul ouvrage, au début du VIe siècle ap. J.-C., toutes les lois promulguées par ses prédécesseurs ou par lui-même. Les savants chargés de réaliser cette tâche devaient également veiller à éliminer, autant que possible, les contradictions ou les imperfections. Le *Digeste* s'appuie sur les travaux de juristes des époques antérieures, comme Gaius (milieu du IIe siècle ap. J.-C.), Ulpien (*C.* 170-223 ap. J.-C.) ou Modestinus (début du IIIe siècle ap. J.-C.).

Diodore de Sicile (Ier siècle av. J.-C.)

Originaire d'Agyrium (en Sicile), Diodore voyagea beaucoup et vécut à Rome. Grand érudit, il écrivit, entre 60 et 30 av. J.-C., une *Bibliothèque historique*, ensemble de quarante livres visant à relater l'histoire universelle, mais en se centrant sur le destin de Rome, depuis les temps mythiques jusqu'à la fin de la guerre des Gaules (54 av. J.-C.). Les livres I à V et XI à XXII, ainsi que des extraits et des résumés, ont été conservés. Son œuvre est précieuse par son information, sa méthode et sa largeur de vue, qui embrasse la mythologie, le monde grec, Rome et les Barbares.

Élien (*C.* 175-235 ap. J.-C.)

Claude Élien, affranchi originaire de Préneste, près de Rome, se vantait de n'être jamais sorti d'Italie, mais écrivit son œuvre en grec. Élève de sophistes et sophiste réputé lui-même, il préféra une vie retirée et tranquille au prestige d'une carrière d'orateur et à la turbulente cour impériale des Sévères. Son ouvrage le plus fameux, l'*Histoire variée*, se présente comme un recueil d'anecdotes, d'aphorismes, de notices et de faits étonnants concernant le passé classique de la Grèce et d'autres contrées. Il composa également un ouvrage *Sur les caractéristiques des animaux*, des *Lettres* et deux traités sur la Providence divine. L'œuvre d'Élien témoigne d'un goût de l'époque pour la *poikilia* (« variété ») ainsi que de l'infatigable curiosité de son auteur.

Évagre (536-594)

Il ne faut pas confondre Évagre le Scholastique avec le moine Évagre le Pontique, qui vivait au IVᵉ siècle, dans le désert d'Égypte, et fut mêlé aux querelles de la Gnose. Évagre le Scholastique est un historien de l'Église, auteur d'une *Histoire ecclésiastique* écrite pour servir de suite à celles d'Eusèbe de Césarée, de Theodoret de Cyr, de Sozomène et de Socrate le Scholastique, qui s'arrêtent à Théodose. Cet historien fait preuve d'une remarquable impartialité, en une période troublée.

Firmicus Maternus (IVᵉ siècle)

Compilateur, auteur, sous le titre de *Mathesis*, d'un traité complet d'astrologie empruntant à divers astronomes et au *Corpus hermeticum*.

Flavius Josèphe (37-*c.* 100 ap. J.-C.)

Flavius Josèphe naquit dans une famille sacerdotale de Jérusalem. En 66, il participa à la révolte des Juifs contre Rome ; après s'être rendu au général romain et futur empereur Vespasien, il fut emprisonné, puis libéré. En 70, il servit d'interprète à l'empereur Titus et assista, au côté de celui-ci, à la chute de Jérusalem et à la destruction du Temple. Il est l'auteur de *la Guerre des Juifs* et des *Antiquités juives*, deux amples ouvrages historiques, d'un pamphlet *Contre Apion*, ainsi que d'une *Autobiographie* dans laquelle il justifie ses prises de position, notamment vis-à-vis des Romains.

Claude Galien (129-201 ap. J.-C.)

Philosophe et médecin de génie. Il donne, pour des siècles, les grands principes de la médecine. Grand expérimentateur, mais aussi puisant théoricien.

Hérodien (170-250 ap. J.-C.)

Historien dont on sait peu de choses. Auteur d'une *Histoire des empereurs romains*, de Commode à Gordien III.

Hérodote (480-420 av. J.-C.)

Né à Halicarnasse, ville dorienne du territoire d'Ionie, en Asie Mineure, Hérodote voyagea beaucoup, d'Athènes, où il séjourna, en Égypte, à Tyr et en Scythie. Il ne vit pourtant pas toutes les contrées qui sont décrites dans ses *Histoires*, vaste « enquête » (c'est le sens de *historié* en grec), dont le premier but est de rapporter les tenants et aboutissants des guerres médiques. Friand d'anecdotes, Hérodote est célèbre pour ses digressions, si bien que les *Histoires* débordent largement le projet annoncé. L'œuvre fut, à la période alexandrine, divisée en neuf livres, nommés selon les Muses. Les quatre premiers rapportent la formation de l'empire perse et les cinq derniers les guerres médiques. « Roi des menteurs » pour certains, « père de l'histoire » pour d'autres, Hérodote nous éclaire sur les rapports entre les Grecs et les Barbares et fournit nombre de renseignements ethnologiques, géographiques et anthropologiques, aussi précieux qu'amusants.

Hippocrate (460-377 av. J.-C.)

« Père de la médecine », né à l'île de Cos, il fonda l'école qui porte son nom. On ne lui doit pas seulement la théorie des *humeurs*, on doit aussi à son génie de clinicien d'admirables observations et descriptions de malades. Il reste également le fondateur de l'éthique médicale.

Saint Jean Chrysostome (344-407)

Né à Antioche, élève du rhéteur Libanios, il se convertit vers l'âge de 20 ans, et entre dans les ordres. Il a donné son nom à la liturgie de l'Église orthodoxe.

Prédicateur remarquable, c'est avant tout un lecteur des Écritures dont il ne cesse de fournir des interprétations lumineuses et de faire ressortir le contenu dramatique. Sa célèbre éloquence est indissociable de la profondeur de sa pensée et de la rigueur de son enseignement.

Saint Jérôme (347-419 ap. J.-C.)

Originaire de Dalmatie (l'actuelle Slovénie), Jérôme mène d'abord une vie agitée avant de s'essayer un temps à la vie d'ermite dans un désert de Syrie (où la légende et l'iconographie devaient lui donner un lion pour compagnon). Ordonné prêtre, il devient ensuite le secrétaire du pape Damase et le directeur de conscience de plusieurs grandes dames de l'aristo- cratie, avant de retourner au Moyen-Orient. Il y fonde un monastère, à Bethléem, où il mènera une vie d'intense érudition et souvent de violente controverse. Polygraphe, il est le type même de « l'intellectuel » passant toute sa vie au milieu des livres, saints ou clas- siques. Sa traduction de l'Écriture sainte, la Vulgate, suffirait d'ailleurs à en faire l'un des plus importants écrivains chrétiens (et de très loin le plus lu !). Mais Jérôme est aussi un épistolier de tout premier ordre, dont la volumineuse *Correspondance* constitue l'un des sommets du genre. Ses lettres sont un festin litté- raire tant elles regorgent de trouvailles et de formules percutantes, assaisonnées d'un humour corrosif ; elles nous offrent une peinture vivante de son esprit et de cette époque si particulière. Historiographe, critique littéraire, commentateur, et avant tout « chercheur » au sens moderne du terme, Jérôme a été l'un des plus grands intellectuels de son temps, l'un des pères latins de l'Église.

Justin (IIIe ou IVe siècle)

Auteur de *l'Epitoma Historiarum Philippicarum*, qui est un résumé des *Histoires philippiques* de Trogue Pompée, écrites à l'époque d'Auguste.

Libanios (314-393)

Né à Antioche, après d'excellentes études, il devient sophiste et grammairien à Constantinople. À Nicomédie, ses cours rencontrent un immense succès. S'y intéresse notamment le futur empereur Julien, dont il sera ami. Comme Julien l'apostat – selon l'appellation chrétienne – Libanios est un défenseur du paganisme, dans lequel il voit ce qui porte toute la culture antique, dont il pressent la fin, mais à laquelle il est attaché passionnément. Il eut néanmoins pour élèves Jean Chrysostome, Basile le Grand, Grégoire de Naziance et d'autres. Il laisse une œuvre d'une grande importance.

Lucilius Junior (Ier siècle)

Il est le destinataire des *Lettres à Lucilius* de Sénèque. Il pourrait être l'auteur du poème fleuve intitulé *Aetna*, à moins qu'il ne s'agisse de Virgile ou de Cornelius Severus.

Lucrèce (99/ 94-55/ 50 av. J.-C.)

On ignore à peu près tout de l'auteur du poème *De la nature* (*De natura rerum*). La seule indication est une lettre de Cicéron, montrant que celui-ci fut si admiratif devant l'ouvrage de Lucrèce qu'il entreprit de l'éditer. Les six chants s'inscrivent dans la doctrine du philosophe grec Épicure et en exposent les principes. Aucun préjugé ne résiste à la démonstration : le poète s'en prend successivement aux croyances, à la religion, aux peurs, aux superstitions et aux mythes amoureux. Dans une langue imagée et harmonieuse, l'ouvrage développe une physique atomiste, une théorie de la connaissance et une morale de la liberté.

Macrobe (370 ap. J.-C.-430 ap. J.-C.)

Originaire probablement de Numidie, on ne sait pas grand-chose de ce philosophe qui fut aussi un grammairien. Deux de ses œuvres majeures, le *Commentaire au songe de Scipion*, et les *Saturnales*, nous ont cependant été conservées.

Ovide (43 av. J.-C.-18 ap. J.-C.)

Ovide est le plus jeune des poètes augustéens et n'a connu que la paix. C'est pourquoi il sera moins reconnaissant à Auguste de l'avoir ramenée et plus insolent envers le nouveau maître de Rome. Pour des raisons qui nous sont obscures – Auguste invoquera l'immoralité de *L'Art d'aimer*, mais ce prétexte paraît peu convaincant – Ovide est exilé à Tomes, dans l'actuelle Roumanie, au bord de la mer Noire, où il meurt dans la désolation, abandonné de tous et de tout, sauf de ses livres. Son œuvre de virtuose, étourdissante de facilité et de beauté, s'étend dans trois directions. Un premier ensemble regroupe les *Héroïdes* (les lettres d'amour écrites par les héroïnes de la mythologie à leurs amants), commencées à l'âge de 18 ans, *les Amours*, *L'Art d'aimer* et *les Remèdes à l'amour*. *Les Fastes* et *les Métamorphoses* appartiennent à une veine plus purement mythologique et savante : *les Fastes* relatent l'origine des fêtes du calendrier tandis que *les Métamorphoses* narrent les transformations des hommes en animaux ou en plantes. La troisième période s'ouvre avec l'exil où Ovide, dans les *Tristes* et les *Pontiques*, revient au vers élégiaque qui lui est cher.

Pausanias (*C.* 115 apr. J.-C.-*c.* 180 apr. J.-C. ?)

On ne sait pratiquement rien de la vie de Pausanias, si ce n'est qu'il était originaire d'Asie Mineure. Après avoir beaucoup voyagé, il se fixa à Rome où il écrivit une *Description de la Grèce* ou *Périégèse*, en dix livres. Précurseur de la littérature des guides de voyage, mais écrivant dans une langue volontairement archaïsante, il donne à la fois des descriptions très précises de sites ou de monuments et une image

d'ensemble de la Grèce à son époque. Son œuvre
se décompose comme suit : livre I : l'Attique et
Mégare ; livre II : Corinthe, l'Argolide, ainsi qu'Égine
et les îles alentour ; livre III : la Laconie ; livre IV :
la Messénie ; livre V : l'Élide et Olympie ; livre VI :
l'Élide (2e partie) ; livre VII : l'Achaïe ; livre VIII :
l'Arcadie ; livre IX : la Béotie ; livre X : la Phocide
et la Locride. Les fouilles archéologiques confir-
ment régulièrement la précision de ses affirmations,
mais son œuvre est aussi un hommage permanent
rendu à l'identité et à la culture grecque sous toutes
leurs formes. Grand visiteur de temples, s'attachant
à transmettre avec rigueur les mythes, Pausanias
a contribué à fixer les traits de la Grèce antique,
telle qu'elle fascinera après lui des générations de
voyageurs.

Phèdre (15 av. J.-C.-c. 50 apr. J.-C.)

Esclave thrace, emmené à Rome, qui devint
un affranchi dans la famille d'Auguste. Il fut l'auteur
d'un recueil de fables inspirées d'Esope, en cinq
livres, écrites en latin.

Philon d'Alexandrie (C. 30 av. J.-C.-c. 45 apr. J.-C.)

Né dans l'une des principales familles juives
d'Alexandrie, Philon avait pour frère Alexandre,
qui exerça la fonction d'alabarque, terme désignant
probablement le contrôleur général des douanes
égyptiennes. Son neveu Tiberius Iulius Alexander
abjura le judaïsme, fut procurateur de Judée sous
Claude, puis préfet d'Égypte et il seconda Titus
au siège de Jérusalem. Philon suivit l'éducation
grecque traditionnelle, ce qui lui permit d'avoir
des connaissances approfondies en philosophie et
en littérature. L'épisode de sa vie que nous connaissons le mieux, grâce à son propre témoignage, est
son ambassade auprès de Caligula, à la suite du
terrible pogrom subi en 38 par la communauté

juive alexandrine, épisodes qu'il raconte dans le *Contre Flaccus* et dans *L'Ambassade à Gaius*. Son œuvre, qui atteint une cinquantaine de volumes, comprend plusieurs types de travaux : des traités à caractère philosophique ; des œuvres apologétiques de défense du peuple juif ; des livres sur la création du monde, le Décalogue, les patriarches, les lois propres au judaïsme, etc. ; une *Vie de Moïse* en deux livres ; un commentaire allégorique d'une partie de la Genèse, en vingt et un livres ; des livres de questions-réponses sur la Genèse et l'Exode. Appliquant à la Bible la méthode allégorique qu'avaient mise au point les penseurs grecs, notamment les stoïciens, Philon, qui pourtant se défendait de négliger la lettre du texte, apparut très vite aux chrétiens comme un précurseur, ce qui permit la sauvegarde de son œuvre.

Platon (427-347 av. J.-C.)

Le célèbre philosophe grec était un citoyen athénien, issu d'une des grandes familles de la cité. Alors que sa noble origine, sa richesse et son éducation le destinaient à devenir dirigeant politique ou savant pédagogue (un de ces sophistes honnis par l'écrivain), Platon choisit de devenir philosophe, à l'imitation de son maître et concitoyen Socrate. Loin toutefois de se retirer de la vie publique, le philosophe tel que Platon l'a inventé se consacre à la réforme de la cité et de ses habitants, soit par ses écrits, soit par son enseignement. Il institua en outre l'Académie, où les élèves (parmi lesquels Aristote) venaient suivre ses leçons aussi bien que celles des prestigieux savants invités. Son œuvre est immense et la culture occidentale n'a eu de cesse d'y puiser des enseignements. Deux groupes sont cependant identifiables : les premiers dialogues, mettant en scène les entretiens de Socrate, tels que *Eutyphron*, *Phédon* ou *Protagoras*, et les œuvres de plus longue haleine où Platon exprime sa seule pensée, comme *les Lois*.

Pline l'Ancien (23-79 ap. J.-C.)

Polymathe, père de l'esprit encyclopédiste et surnommé à juste titre « le plus illustre apôtre de la science romaine », Pline l'Ancien sut allier le goût du savoir à celui du pouvoir. Sous le règne de l'empereur Vespasien, il exerça quatre procuratèles avant de commander, de 77 à 79, la flotte impériale de Misène. En même temps, il se consacra à des recherches tantôt érudites, tantôt généralistes, allant de l'étude des phénomènes célestes à la sculpture et à la peinture, en passant par l'agriculture et la philosophie. Sa curiosité et son insatiable désir de connaissance lui coûtèrent la vie : en 79, Pline fut étouffé sous les cendres du Vésuve dont il s'était approché pour en observer l'éruption. Il aurait écrit plus de cinq cents volumes, dont seuls nous sont parvenus les trente-sept livres de l'*Histoire naturelle*, achevée et publiée en 77. Son neveu et fils adoptif, Pline le Jeune, nous apprend que Pline fut en outre historien (il aurait consacré vingt livres aux guerres de Germanie et trente et un à l'histoire romaine), rhéteur et grammairien.

Pline le Jeune (61/ 62-113 ap. J.-C.)

Né à Côme dans une famille de notables, Pline le Jeune fut confié de bonne heure aux soins de son oncle, Pline l'Ancien, l'auteur de l'*Histoire naturelle*, qui se chargea de son éducation et lui donna d'excellents maîtres. Il mena de front une carrière d'avocat et une carrière politique sous les empereurs Domitien, Nerva et Trajan. Nous connaissons l'un de ses discours, le *Panégyrique* de Trajan, prononcé à l'occasion de son entrée en charge comme consul, ainsi que son ample correspondance, très instructive sur la vie littéraire, sociale et politique de l'époque.

Plutarque (*C.* 45-125 ap. J.-C.)

Plutarque nous a légué une œuvre importante, où la philosophie et la biographie occupent une place de choix. Nous possédons de lui les *Œuvres morales*, un ensemble varié de traités et de dialogues consacrés à des questions de philosophie morale (d'où le titre de l'ensemble), mais aussi à des sujets littéraires, politiques, scientifiques, religieux. C'est aussi en moraliste que Plutarque s'est intéressé à l'existence et à la carrière des hommes illustres : ses *Vies parallèles* sont un immense recueil de biographies de grands hommes de l'histoire, présentées presque toutes par paires (un Grec étant mis chaque fois en parallèle avec un Romain). D'une érudition prodigieuse, l'œuvre de Plutarque est un trésor de connaissances, de faits et d'idées. Au-delà de leur portée philosophique, ses œuvres sont une mine de renseignements pour tous ceux qui s'intéressent à la civilisation gréco-romaine.

Polybe (200-118 av. J.-C.)

Né à Mégalopolis, en Arcadie, dans une famille de militaires, Polybe fut élu *hipparque*, commandant de la cavalerie achéenne, vers 170 av. J.-C. À la suite de la victoire de Paul Émile à Pydna, il fit partie des mille otages emmenés à Rome, où il s'attira la bienveillance de Scipion Émilien, qu'il accompagna en Gaule et en Afrique. Il fut ensuite négociateur entre les Grecs et les Romains et il participa à la réorganisation politique de la Grèce. Il mourut d'une chute de cheval en 118 av. J.-C. Il écrivit des *Histoires* en quarante livres dont seule une partie nous a été conservée. Fasciné par la puissance romaine, il voulut en comprendre la raison et crut pouvoir la trouver dans un régime politique qu'il identifia à la constitution mixte de Platon et d'Aristote, autrement dit à un mélange des trois régimes fondamentaux : la monarchie, l'aristocratie et la démocratie. La coexistence de ces formes avait selon lui pour effet de bloquer le processus de dégénérescence inhérent à chacune des constitutions.

Procope de Césarée (C. 500-c. 560 ap. J.-C.)

Après des études de rhétorique et de droit, Procope entre au service de Bélisaire dont il devient l'homme de confiance et qu'il accompagne dans toutes ses campagnes. Il est l'auteur d'un ouvrage historique en huit livres qui traite des guerres contre les Perses, les Vandales et les Goths. Procope, qui évoque les événements de son temps d'après son expérience propre, possède une très grande culture classique (il comprend le latin, le syriaque, le gothique et le perse) et a Thucydide pour modèle d'écriture historique. L'*Histoire secrète*, écrite clandestinement par cet historiographe officiel de la cour, est un véritable catalogue des turpitudes de ses maîtres, l'empereur Justinien et son épouse Théodora.

Sénèque (1 av. J.-C.-65 ap. J.-C.)

Issu d'une prospère famille de Cordoue, en Hispanie, le jeune Lucius Annaeus Seneca est envoyé à Rome pour y apprendre l'art de la rhétorique et le métier d'avocat. Tout en se passionnant avant tout pour la philosophie, il montre dans ces disciplines de grands talents, si bien qu'il devient vite une personnalité en vue. Mais il est en butte à la haine des Grands ; manquant de peu d'être mis à mort par Caligula, il est condamné à un exil lugubre en Corse par Claude. L'arrivée d'Agrippine la Jeune sur le devant de la scène lui permet de retrouver la capitale, en tant que précepteur du jeune Néron ; quand son élève accède au trône, il lui adresse le traité *De Clementia* (*Sur la Clémence*) pour l'exhorter à la douceur et à la modération. Mais le jeune empereur lui échappe, et le vieux stoïcien demande l'autorisation de se retirer à la campagne. Il y compose les *Lettres à Lucilius*, où les grands thèmes de l'existence sont médités avec finesse, élégance et hauteur de vue. Soupçonné d'avoir participé à la conjuration de Pison visant à assassiner Néron, il est acculé au suicide et se donne la mort avec panache, en dispensant une ultime leçon de sagesse à ses proches. On lui doit aussi des tragédies fascinantes par leur noirceur morale, écrites à une période indéterminée de sa vie.

Sévère d'Antioche (456-538)

Né en Asie Mineure, après des études à Alexandrie, puis à la célèbre école de droit de Beyrouth, il devient moine en Syrie. Patriarche d'Antioche et partisan du monophysisme, ce qui le conduisit à entrer dans des polémiques extrêmement dures. Son œuvre est considérable. Ses écrits, en langue grecque, furent condamnés et détruits, c'est donc dans des traductions syriaques qu'ils purent circuler et être conservés. Les *Homeliae cathedrales*, furent traduites en syriaque par Jacques d'Edesse, moine du VIIe siècle.

Sozomène (400-450)

Avec Eusèbe de Césarée, Socrate le scolastique, Évagre le scolastique, et Théodoret de Cyr, il est l'un des auteurs de l'*Histoire ecclésiastique* (neuf livres allant de Constantin à Théodose, soit de 324 à 439). On lui doit en particulier les livres V et VI, consacrés au règne de Julien l'Apostat. Son œuvre, très documentée, fournit une approche utile de l'Orient chrétien de cette époque et des luttes qui le traversaient.

Strabon (60 av. J.-C. – 20 ap. J.-C.)

Géographe et historien grec. Grand voyageur, il est l'auteur d'une *Géographie* en dix-sept livres, ouvrage remarquablement documenté. Si son œuvre historique est pratiquement perdue, nous disposons presque intégralement des livres de la *Géographie*.

Outre une description toujours attentive et détaillée des pays et des mœurs, Strabon sait parfaitement organiser ce qu'on peut appeler un regard ethnologique, ouvert et attentif aux différences.

Tacite (56 ou 57 ap. J.-C.-après 117 ap. J.-C.)

Orateur brillant et réputé, « le plus grand peintre de l'Antiquité » selon Racine, a d'abord été un homme politique, avant de se consacrer à l'histoire. On lui doit notamment *la Germanie*, une description des différentes tribus vivant au nord du Rhin et du Danube, mais il est surtout connu pour ses *Histoires* et ses *Annales*. Ce dernier ouvrage embrasse les années 14-68 ap. J.-C., de la mort d'Auguste à celle de Néron. En quelque cinquante meurtres, Tacite y dépeint le règne constant de la terreur et de la mort. Son écriture, toujours à la recherche de l'expressivité et de la densité, sert tout particulièrement le récit de ces périodes sombres ou violentes et de leurs personnages tourmentés. Par son économie de moyens, le texte de Tacite atteint à une remarquable intensité dans le sublime de l'horreur, au point que l'on a pu parler, à son sujet, de « baroque funèbre ». Ignoré au Moyen Âge, très admiré à partir de la fin de la Renaissance, il a nourri la pensée et l'écriture de dramaturges, penseurs politiques et moralistes.

Tertullien (160-220)

Né à Carthage, et converti au christianisme vers la fin du IIe siècle (« On ne naît pas chrétien, on le devient » ; *Apologétique*, XVIII), il est le premier auteur chrétien à s'exprimer en latin. À côté de son œuvre apologétique, c'est un théologien remarquable qui consacre une grande partie de son énergie à combattre l'hérésie gnostique.

Thucydide (*C.* 460-400 av. J.-C.)

Athénien, fils d'Oloros, Thucydide avait, par sa famille, des attaches avec la Thrace et comptait probablement Miltiade et Cimon, deux grands hommes d'État, parmi ses ascendants. En 430, il fut atteint par l'épidémie qui sévissait à Athènes. En 424, il exerça les fonctions de stratège et fut chargé d'un commandement, aux abords de la Thrace précisément : ayant essuyé un échec, il fut exilé d'Athènes, où il ne revint qu'en 404. Dès le début de la guerre du Péloponnèse, qui opposa Athènes et Sparte (431-404), il avait conçu le projet d'écrire l'histoire des événements qui étaient en train de se produire et il s'était mis au travail, travail qu'il continua jusqu'à la fin de sa vie. Son ouvrage monumental, *la Guerre du Péloponnèse*, analyse les causes du conflit, puis relate la période 431-411 ; il est inachevé, sans doute parce que l'auteur mourut avant d'avoir pu le terminer. Xénophon prendra la suite, en faisant commencer ses *Helléniques* exactement en 411.

Tite-Live (59 av. J.-C.-17 ap. J.-C.)

Né à Padoue d'une famille aisée, cet écrivain distingué sut, malgré sa nostalgie des grands hommes de la République (ce qui n'implique certes pas qu'il fût républicain !) se concilier les bonnes grâces de l'homme fort de son temps : Auguste. Des cent quarante-deux livres de sa monumentale *Histoire de Rome depuis la fondation* (et jusqu'à 9 ap. J.-C.), il ne nous reste plus qu'une grosse trentaine (trente-cinq exactement), qui ne vont pas au-delà de la chute du royaume de Macédoine (167 av. J.-C.). Si ce qui est perdu nous prive d'un témoignage de premier ordre sur la fin de la République et sur l'ascension d'Octavien, ce qui a subsisté suffit à montrer le talent de Tite-Live pour construire un récit dramatique et pour élaborer de longs discours qui constituent de beaux exemples de l'art oratoire antique.

Xiphilin Voir **Dion Casssius**

Zonaras Voir **Dion Casssius**

POUR ALLER PLUS LOIN

SOURCES

AGATHIAS
Histoires. Guerres et malheurs du temps sous Justinien, traduit par P. Maraval, les Belles Lettres, coll. « La roue à livres », Paris, 2018.

AMMIEN MARCELLIN
Histoires, Tome V : Livres XXVI-XXVIII. Texte établi, traduit et annoté par M. A. Marié. « CUF », 2002.

APOLLODORE
Bibliothèque, Traduction de E. Clavier, 1805.

ARISTOTE
Histoire des animaux, texte établi et traduit par P. Louis.
Tome I : Livres I-IV. LV-341 P. (1964), « CUF », 2e tirage 2002.
Tome II : Livres V-VII. 325 P. (1968), « CUF », 2e tirage 2002.
Tome III : Livres VIII-X. 369 P. (1969), « CUF », 2e tirage 2002.
Météorologiques, texte établi et traduit par P. Louis.
Tome I : Livres I-II. L-226 P. (1982), « CUF », 2002.
Tome II : Livres III-IV. 233 P. Index. (1982), « CUF », 2002.

ARRIEN

Périple du Pont-Euxin. Texte établi et traduit par A. Silberman. XLVII-96 P. Carte. (1995), « CUF », 2ᵉ tirage 2002.

L'Inde. Texte établi et traduit par P. Chantraine. 152 P. Index. Carte. (1927), « CUF », 4ᵉ tirage 2002.

AULU-GELLE

Nuits attiques, Livres I-IV. Texte établi et traduit par R. Marache. LXV-456 P. (1967), « CUF », 2ᵉ tirage 2002.

CICÉRON

De l'Orateur, Tome II : Livre II. Texte établi et traduit par E. Courbaud. 320 P. (1928), « CUF », 6ᵉ tirage 2009.

Lettres à Quintus, Traduction de M. Nisard, 1864.

Lettres à Atticus, Traduction de M. Nisard, 1864.

Sur sa maison, Tome XIII, 1ʳᵉ partie : Au sénat. – Au peuple. – Sur sa maison. Texte établi et traduit par P. Wuilleumier. 294 P. (1952), « CUF », 2ᵉ tirage 2002.

DENYS D'HALICARNASSE

Antiquités romaines, Tome I : Introd. générale. – Livre I. Texte établi et traduit par V. Fromentin. XCIX-300 P. Index. (1998), « CUF », 3ᵉ tirage 2007.

DIODORE DE SICILE

Bibliothèque historique, Tomes I à XIV, « CUF ».

Fragments. Tome I à IV, « CUF ».

DION CASSIUS.

Histoire romaine.

Livres XXXVI-XXXVII (Années 69-60). Texte établi par G. Lachenaud, traduit et annoté par G. Lachenaud & M. Coudry. CXXXI-416 P. Indices. Cartes. « CUF », 2014.

Livre LVII. Traduction de É. Gros, 1866.

ÉLIEN
La personnalité des animaux, Traduction de
A. Zucker, 2018.

ÉVAGRE
Histoire de l'Église, Traduction de L. Cousin, 1676.

FIRMICUS MATERNUS
Mathesis, Tome I. Texte établi et traduit par
P. Monat. « CUF », 1992.

FLAVIUS JOSÈPHE
Antiquités judaïques, Traduction de A. d'Andilly, 1668.
Guerre des Juifs, Texte établi et traduit par
A. Pelletier.
Tome I : Livre I. 360 P. Cartes. Planches. (1975),
« CUF », 3ᵉ tirage 2008.
Tome II : Livres II-III. 429 P. Cartes. Planches.
(1980), « CUF », 3ᵉ tirage 2009.
Tome III : Livres IV-V. 465 P. Planches. (1982),
« CUF », 3ᵉ tirage 2010.

GALIEN, *Sur ses propres livres*, Œuvres, Tome I,
Texte établi, traduit et annoté par V. Boudon-Millot.
« CUF », 2007.

HÉRODIEN, *Histoire romaine*, traduit du grec par
L. Halévy, 1860.

HÉRODOTE
Livre I. Clio. 359 P. (1932), « CUF », 9ᵉ tirage 2010.
Livre IV. Melpomène. 325 P. (1945), « CUF »,
5ᵉ tirage 2003.
Livre VII. Polymnie. 384 P. (1951), « CUF »,
4ᵉ tirage 2003.

HIPPOCRATE
Épidémies, III, 13, Texte établi et traduit par J. Jouanna, avec la collaboration de A. Anastassiou et A. Gardasole. « CUF », 2016.

JULIUS PAULUS
Digeste, Traduction de H. Hulot et J.F. Berthelot, 1804.

JUSTIN
Abrégé des Histoires Philippiques de Trogue Pompée,
Tome I : Livres I-X, Texte établi, traduit et commenté par B. Mineo, notes de G. Zecchini.

LIBANIOS
Autobiographie (Discours I). Texte établi et traduit par J. Martin et P. Petit. XXXVI-406 p. Index. (1978), « CUF », 2e tirage 2003.
Discours XVIII, Traduction inédite de J.-L. Poirier.
Monodie sur Nicomédie, Traduction inédite de J.-L. Poirier.

LUCILIUS JUNIOR
Aetna, Traduction de J. Chenu, 1843.

LUCRÈCE
De la Nature.
Tome I : Livres I-III. XXXI-336 p. Texte établi et traduit par A. Ernout, (1re édition 1920, 2e édition 1966) 7e tirage de la 6e édition revue et corrigée par Cl. Rambaux, 2016.
Tome II : Livres IV-VI. Texte établi, traduit et annoté par A. Ernout. 296 p. (1re édition 1921-1920, 2e édition 1964). 9e tirage 2010.

MACROBE
Commentaire au songe de Scipion Texte établi, traduit et commenté par M. Armisen-Marchetti. Tome I : Livre II. « CUF », 2001.

OVIDE
Les Métamorphoses.
Texte établi et traduit par G. Lafaye.
Tome II : Livres VI-X. 285 p. (1928 ; 7ᵉ édition revue et corrigée par H. Le Bonniec, 1995), « CUF », 4ᵉ tirage de la 7ᵉ édition 2008.
Tome III : Livres XI-XV. 308 p. Index. (1930 ; 7ᵉ édition revue et corrigée par H. Le Bonniec 1991), « CUF ».

PAUSANIAS
Description de la Grèce
Tome VII : Livre VII. L'Achaïe. Texte établi par M. Casevitz, traduit et commenté par Y. Lafond. LXXXVI-276 p. Index. Cartes. (2000), « CUF », 2ᵉ tirage 2002.
Tome VIII : Livre VIII. L'Arcadie. Texte établi par M. Casevitz, traduit et commenté par M. Jost avec la collaboration de J. Marcadé. XLII-336 p. Index. Cartes. (1998), « CUF », 2ᵉ tirage 2002.

PHÈDRE
Fables Ésopiques, Texte établi et traduit par A. Brenot. XIX-226 p. (1924), « CUF », 6ᵉ tirage 2009.

PHILON D'ALEXANDRIE
Quaestiones in Genesim, Traduction inédite de J.-L. Poirier.

PLATON
Tome IX, 1ʳᵉ partie : *le Politique.* Texte établi et traduit par A. Diès. LXV-256 p. (1935), « CUF », 7ᵉ tirage 2012.
Tome X : *Timée. – Critias.* Texte établi et traduit par A. Rivaud. 408 p. (1925), « CUF », 8ᵉ tirage 2011.

PLINE L'ANCIEN
Histoire naturelle
Livre II. Cosmologie. Texte établi, traduit et commenté par J. Beaujeu. XXI-399 p. (1-112). Index. Figures. (1951), « CUF », 2ᵉ tirage 2003.

Livre XI. Des insectes. Des Parties du corps. Texte établi, traduit et commenté par A. Ernout et R. Pépin. 312 p. Index. (1947), « CUF », 2ᵉ tirage 2003.

Livre XVIII. De l'agriculture. Texte établi, traduit et commenté par H. Le Bonniec avec la collaboration de A. Le Bœuffle. 462 p. Index. (1972), « CUF », 2ᵉ tirage 2003.

Livre XXXI. Remèdes tirés des eaux. Texte établi, traduit et commenté par G. Serbat. 252 p. Index. (1972), « CUF », 2ᵉ tirage 2003.

Livre XXXVI. Nature des pierres. Texte établi par J. André, traduit par R. Bloch et commenté par A. Rouveret. 347 p. Index. Cartes. Photographies. (1981), « CUF », 2ᵉ tirage 2003.

PLINE LE JEUNE
Lettres
Tome II : Livres IV-VI. Texte établi et commenté par H. Zehnacker, traduit par N. Méthy. 368 p. 2 011, « CUF ».

PLUTARQUE
Vies
Tome VII : Cimon-Lucullus. Nicias-Crassus. 508 p. « CUF ».

Tome II : Solon-Publicola. Thémistocle-Camille. 403 p. (1961), 3 tirages. « CUF », 2003.

Tome VI : Traités 24-26. – Dialogues pythiques. Texte établi et traduit par R. Flacelière. XIII-336 p. Index. Illustrations. Plans. (1974), « CUF », 2ᵉ tirage 2003.

Tome IX : Alexandre-César. 476 p. (1975), « CUF », 3ᵉ tirage 2012.

POLYBE
Histoires
Tome V : Livre V. Texte établi et traduit par
P. Pédech. 318 p. Cartes. (1977), « CUF », 2ᵉ tirage
2003.

PROCOPE
Histoire des Goths. Texte établi et traduit par
J. Auberger et D. Roques, les Belles Lettres, coll. « La
roue à livres », Paris, 2015.

SAINT JEAN CHRYSOSTOME
Sixième homélie sur le Tremblement de terre,
Œuvres Complètes. Traduction sous la direction de
M. Jeannin, Bar-le-Duc, L. Guérin & Cie éditeurs,
1864.
Tome II, p. 195-278.

SAINT JÉRÔME
Vie de saint Hilarion, Patrologie Latine, Migne,
Tome XXIII, ch. XL.

SÉNÈQUE
Lettres à Lucilius
Lettre XCI. Traduction de J. Baillard, Paris, 1861.
Questions naturelles
Tome I : Livres I-III. XXXVII-309 p. (1929),
« CUF », 4ᵉ tirage 2003.
Tome II : Livres IV-VII. 170-356 p. Index.
(1ʳᵉ édition 1929 ; 2ᵉ édition 1961) 3ᵉ tirage revu et
corrigé par F.-R. Chaumartin, « CUF », 2003.

SÉVÈRE D'ANTIOCHE
Homiliae Cathedrales.
Patrologie orientale, *Homeliae cathédrales*, Homélie
XXXI, p. 640 et suiv. Patrologia orientalis, Tome XXXVI
– Fascicule IV – N° 170. Traduction du syriaque par

J. d'Edesse, éditée et traduite en français par M. Brière et F. Graffin. Brepols, Turnhout (Belgique), 1974.

SOZOMÈNE
Histoire ecclésiastique, Traduction de L. Cousin, 1886.

STRABON
Gé*ographie.*
Tome XIV : Livre XVII, 1re partie. (L'Égypte et l'Éthiopie nilotique). Texte établi, traduit et annoté par B. Laudenbach. CX-512 p. Cartes. « CUF », 2015.

TACITE
Annales
Tome II : Livres I-VI. XV-251 p. (1975 ; 2e tirage revu et corrigé par H. Le Bonniec, 1990), « CUF », 3e tirage 2003.

Tome III : Livres XI-XII. XVI-191 p. (1976 ; 2e tirage revu et corrigé par J. Hellegouarc'h, 1994), « CUF », 3e tirage 2003.

TERTULLIEN
Apologétique. Texte établi et traduit par J.-P. Waltzing avec la collaboration de A. Severyns. LXXI-223 p. Index. (1929), « CUF », 4e tirage 2003.

THUCYDIDE
Guerre du Péloponnèse
Tome II, 1re partie : Livre II. Texte établi et traduit par J. de Romilly. XLIII-189 p. Cartes. (1962), « CUF », 7e tirage 2009.
Tome II, 2e partie : Livre III. Texte établi et traduit par R. Weil avec la collaboration de J. de Romilly. XXXII-178 p. Cartes. (1969), « CUF », 5e tirage 2003.

TITE-LIVE
Histoire romaine
Tome II : Livre II. Texte établi par J. Bayet, appendice rédigé par R. Bloch. VIII-229 p. Cartes. (1941 ; 6ᵉ tirage revu et corrigé par R. Bloch et Ch. Guittard. 1991), « CUF », 7ᵉ tirage 2003.
Tome IV : Livre IV. Texte établi par J. Bayet et traduit par G. Baillet. VIII-258 p. (1946 ; 2ᵉ tirage revu, corrigé et augmenté d'un index nominum par Ch. Guittard 1993), « CUF », 3ᵉ tirage 2003.
Tome VII : Livre VII. Texte établi par J. Bayet et traduit par R. Bloch. VIII-199 P. Figures. (1969), « CUF », 2ᵉ tirage 2003.
Tome XXV : Livre XXXV. Texte établi et traduit par R. Adam. XCVIII-234 p. Index. Cartes. « CUF », 2004.
Tome XXX : Livre XL. Texte établi et traduit par Ch. Gouillart. CXXXV-235 p. Index. Cartes. (1986), « CUF », 2ᵉ tirage 2003.

XIPHILIN
Histoire Romaine de Dion Cassius, Épitomé.
Traduction inédite de J.-L. Poirier.

ZONARAS
Histoire Romaine de Dion Cassius, Livre XI.
Traduction de L. Cousin, 1886.

SUGGESTIONS BIBLIOGRAPHIQUES

OUVRAGES DE RÉFÉRENCE

GUIDOBONI E., FERRARI G., MARIOTTI D., COMASTRI A., TARABUSI G., VALENSISE G., *Catalogue of Strong Earthquakes in Italy and in the extended Mediterranean area. An Advanced Laboratory of Historical Seismology, WEB GIS*, release 5 : CFTI5Med : Italy from 5th century BC. to 20th ; Mediterranean from 760 BC. to 1500, INGV – Instituto Nazionale di Geofisica e Vulcanologia. 2018. <http://storing.ingv.it/cfti/cfti5/>

CATALOGO DEI FORTI TERREMOTI DISPONIBILE IN RETE, *WEB GIS*, release 5 – 2018 Guidoboni E., Ferrari G., Mariotti D., Comastri A., Tarabusi G., Valensise G. (2007-). CFTI4Med, Catalogue of Strong Earthquakes in Italy from 461 BC. to 2000 and in the Mediterranean area, from 760 BC. to 1500, *An Advanced Laboratory of Historical Seismology*.
<http://storing.ingv.it/cfti4med/> [INGV – Istituto Nazionale di Geofisica e Vulcanologia]

MONOGRAPHIES

DELPHINE ACOLAT, *Quelques réflexions sur la connaissance des reliefs et processus alpins chez les Romains*, Revue de Géographie Alpine, 15 septembre 2007. Édition électronique : <URL : http://rga.revues.org/319 DOI:10.4000/rga.319>

VÉRONIQUE BOUDON-MILLOT, *Galien de Pergame : un médecin grec à Rome*, les Belles Lettres, Paris, 2012.

BERNARD BOUSQUET, *Les séismes de l'Antiquité, entre nature et société*. In :« L'homme face aux calamités naturelles dans l'Antiquité et au Moyen Âge ». Actes du colloque de la Villa Kérylos à Beaulieu-sur-Mer les 14 & 15 octobre 2005. Paris : Académie des inscriptions et belles lettres, 2006. p. 33-59. (Cahiers de la Villa Kérylos, 17).

CATHERINE BUSTANY, *La Rome antique face aux catastrophes naturelles*, université de Caen, Conférence Janvier 2003.
<http://aphgcaen.free.fr/conferences/bustany.doc>

ANDRÉ et DENISE CAPART, *L'Homme et les déluges*, Bruxelles, Hayez, la Longue-vue, 1986.

JEHAN DESANGES, *Témoignages antiques sur le fléau acridien*. In : « L'homme face aux calamités naturelles dans l'Antiquité et au Moyen Âge ». Actes du 16e colloque de la Villa Kérylos à Beaulieu-sur-Mer les 14 & 15 octobre 2005. Paris : Académie des inscriptions et belles lettres, 2006. p. 221-235. (Cahiers de la Villa Kérylos, 17).

MARIE-LAURE FREYBURGER-GALLAND, *Les Romains devant les catastrophes d'après Dion Cassius*.
Article issu d'une conférence prononcée en 2005, dans le cadre des « Midis de l'Institut d'études anciennes » de l'université Laval. Texte publié au format PDF sur le site de l'université Laval.

PIERRE GROS, *La nouvelle Rome de César : Réalité et utopie*, MEFRA, École française de Rome, Fondazione Canussio, 2015.

EMANUELA GUIDOBONI, ALBERTO COMASTRI and GIUSTO TRAINA. *Catalogue of Ancient Earthquakes in the Mediterranean area up to 10th century,* ING-SGA, Bologna, p. 504.1994.

EMANUELA GUIDOBONI et JEAN-PAUL POIRIER, *Quand la Terre tremblait,* Éditions Odile Jacob Sciences, Paris, 2004.

EMANUELA GUIDOBONI et JEAN-PAUL POIRIER, *Storia culturale del terremoto,* Rubbettino editore, Soveria Mannelli, 2019.

LÉON HOMO, *Rome impériale et l'urbanisme dans l'Antiquité,* Paris, 1971.

REIJER HOOYKAAS, *Continuité et discontinuité en géologie et en biologie,* Paris, 1970.

FRANÇOIS JACQUES, BERNARD BOUSQUET, *Le raz de marée du 21 juillet 365.* [Du cataclysme local à la catastrophe cosmique] In : « Mélanges de l'École française de Rome ». Antiquité, tome XCVI, n° 1. 1984. p. 423-461.

ANNE-VALÉRIE PONT, *Valeurs culturelles et politiques du beau paysage urbain à Smyrne et à Nicomédie du IIe au IVe siècle,* in « Roma illustrata », P. Fleury, O. Desbordes (dir.), Caen, PUC, p. 341-364, 2008.

LUDOVIC THÉLY, *Les Grecs face aux catastrophes naturelles,* Savoirs, histoire, mémoire, BEFAR, École française d'Athènes, 2016.

PIERRE VIDAL-NAQUET, *L'Atlantide,* les Belles Lettres, Paris, 2005.

CATHERINE VIRLOUVET, *Famines et émeutes à Rome des origines de la République à la mort de Néron,* École française de Rome, p. 3-137, 1985.

INDEX DES AUTEURS
ET DES ŒUVRES

AGATHIAS
Guerres et malheurs du temps sous Justinien, 63-66, 94-95, 108-110, 133-135, 154-155, 193-194

AMMIEN MARCELLIN
Histoires, 60-62, 146-148, 182

ARISTOTE
Météorologiques, 129-132,

AULU-GELLE
Nuits attiques, 112-113

CICÉRON
De l'Orateur, 100-101
Lettre 158. – À Quintus, 163
Lettres à Atticus, 165-166
Sur sa maison, 224-225

DENYS D'HALICARNASSE
Antiquités romaines, 221-222

DIODORE DE SICILE
Bibliothèque historique, 28-29, 33-34, 48-49, 102-103, 140, 142-145, 158-159, 211-213, 214-215, 232, 233-234

ÉLIEN
La personnalité des animaux, 89

ÉVAGRE
Histoire de l'Église, 53-55, 99, 195-197

FIRMICUS MATERNUS
Mathesis, 254

FLAVIUS JOSÈPHE
Guerre des Juifs, 50-51

HÉRODOTE
Histoires, 169-170

JULIUS PAULUS
Digeste, 171-172

JUSTIN
Abrégé des Histoires Philippiques de Trogue Pompée, 68-70

LIBANIOS
Autobiographie, 210
Monodie sur Nicomédie, 118-125

LUCILIUS JUNIOR
Aetna, 75-76

LUCRÈCE
De la nature, 5-7, 208-209

MACROBE
Commentaire sur le Songe de Scipion, 256-258

OVIDE
Métamorphoses, 19-20, 179-181

PHÈDRE
Fables Ésopiques, 100

PHILON D'ALEXANDRIE
Quaestiones in Genesim, 31-32

PHLÉGON DE TRALLES *Peri Thaumasion*, 47

PLATON
Politique, 11-14
Timée, 16-18

PLINE L'ANCIEN
Histoire naturelle, 21-22, 90-93, 105-107, 204-205, 216-217

PLINE LE JEUNE
Lettres, Livre VI, 16, à Tacite, 79-85

PLUTARQUE
Cimon, 48

POLYBE
Histoires, Livre V, 88-90, 102-104

PROCOPE
Histoire des Goths, 152-153, 160

SAINT JEAN CHRYSOSTOME
Sixième homélie sur le Tremblement de terre, 30, 116-117

SAINT JÉRÔME
Vie de saint Hilarion, 149

SÉNÈQUE
Lettres à Lucilius, 244
Questions naturelles, 8-10, 38-41, 206, 252-253

SÉVÈRE D'ANTIOCHE
Homiliae Cathedrales, 56-59

SOZOMÈNE
Histoire ecclésiastique, 150-151, 161

STRABON
Géographie, 23-24, 33-34, 71-72, 161-162, 236-237, 240-241

TACITE
Annales, 52, 167-168, 201, 242-247

TERTULLIEN
Apologétique, 114-115

THUCYDIDE
Guerre du Péloponnèse, 48, 140-141, 187-191

TITE-LIVE
Histoire romaine, 163-164, 207, 223, 226-227

XIPHILIN
Histoire Romaine de Dion Cassius, Épitomé, 96-98

ZONARAS
Histoire Romaine de Dion Cassius, 77-78

TABLE DES MATIÈRES

Entretien avec Emanuela Guidoboni................ VII

Cartes.. XXV

I. Au commencement...................................... 1
   Des catastrophes à répétition.................... 3
   Continents engloutis, terres émergées...... 15
   Légendes, récits sacrés, mémoire.............. 25
   Une humanité désemparée........................ 35

II. Instabilis terra.. 43
   Tremblements de terre............................... 45
   Volcans.. 67
   Avant et après :
   prévenir, secourir, reconstruire................. 87
   Et du côté des Dieux ?................................ 111
   Classer, expliquer...................................... 127

III. Innabilis unda....................................... 137
   Raz de marée et tsunamis.......................... 139
   Inondations et crues................................... 157

IV. Épidémies... 173
   Un mal qui répand la terreur..................... 175
   Les grandes pestes..................................... 185

V. Fléaux environnementaux..................... 199
   Aléas climatiques.. 201
   Invasions de ravageurs.............................. 213
   Disettes, famines, pénuries........................ 219

VI.	**Accidents dramatiques**	229
	Drames de la mer	231
	Montagne	235
	Effondrements et incendies	239
VII.	**La fin du monde**	249
	L'eau et le feu	251
	L'avenir de l'homme	255
	Les auteurs du « signet »	259
	Pour aller plus loin	279
	Suggestions bibliographiques	289
	Index des auteurs et des œuvres	293

Composition et mise en pages
Nord Compo à Villeneuve-d'Ascq

Ce volume,
le trente-quatrième
de la collection « Signets »,
publié aux Éditions Les Belles Lettres,
a été achevé d'imprimer
en avril 2021
par La Manufacture Imprimeur
52200 Langres, France

N° d'édition : 9904
N° d'impression : 210378
Dépôt légal : avril 2021